JN068075

日建学院

改訂五版

**2**級
建築施工管理技士

# 一次対策
# 項目別ポイント問題

2023

# はじめに

## ■試験のポイント

近年の２級建築施工管理技士・第一次検定合格率は、約25％から50％台（第二次検定合格率は約20％台）となっており、その年度の問題の難易度により、変動しています。これは、一定以上の得点者を合格させるという「基準点試験」である為です。

したがって、**基本をしっかりと理解しなければならない試験**といえます。

## ■本書のねらい

本書は、過去の出題から出題頻度が高い内容や重要設問肢を分野別に編集したもので、学習のまとめや、通勤時間や休憩時間の利用といった、時間の有効活用に最適な内容となっています。

このように、本書は、項目別の「出題傾向を把握する問題集」「重要事項を把握する問題集」という主旨で作成されています。

合格のために必要なのは、過去問題の攻略です。そして、そのためにはなんといっても「繰り返し」学習することです。「繰り返し」によって問題の解き方が徐々に身についてくるとともに、新たな発見があり、学習の楽しみが湧いてくるものです。

また、既刊の、過去問題を分野別に編集した『**２級建築施工管理技士 一次対策問題解説集**』を併用することで、より一層理解を深めることができます。

本書の内容を繰り返し学習することで、試験における項目別の出題内容を理解し、一次検定に合格されますよう、心よりお祈り申し上げます。

日建学院教材研究会

本書においては、受験生の皆様の試験対策のために、試験出題以降の法令及び各種基準の改正を受け、問題及び解答・解説が**現行の規定に適合するよう、日建学院教材研究会が独自に改訂を加え、最新の法令及び各種基準に適合した内容**としています。

# 改訂五版 2級建築施工管理技士
# 一次対策項目別ポイント問題

## ●目　次●

　ご希望の方に、**二次試験問題・解答参考例**（日建学院オリジナルの問題・解答参考例。躯体構造ごとに経験記述の模範解答例を掲載）を差し上げています。

　日建学院ホームページ（http://www.ksknet.co.jp/nikken/）の「**建築施工管理技士 プレゼントページ**」より、お申し込みください（在庫が無くなりしだい終了しますので、その際はご容赦下さい）。

## 2級建築施工管理技士の試験の流れ

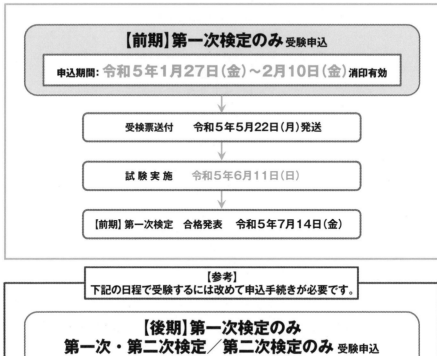

【前期】第一次検定のみ 受験申込

申込期間: 令和5年1月27日(金)〜2月10日(金)消印有効

受検票送付　　令和5年5月22日(月)発送

試験実施　　令和5年6月11日(日)

【前期】第一次検定　合格発表　令和5年7月14日(金)

【参考】
下記の日程で受験するには改めて申込手続きが必要です。

【後期】第一次検定のみ
第一次・第二次検定／第二次検定のみ 受験申込

申込期間: 令和5年7月14日(金)〜7月28日(金)消印有効

受検票送付　　令和5年10月23日(月)発送

試験実施　　令和5年11月12日(日)

【後期】第一次検定のみ　合格発表　令和5年12月22日(金)

第一次・第二次検定
第二次検定のみ　　合格発表　令和6年2月2日(金)

日程及び申込等の詳細については、
(一財)建設業振興基金ホームページ (https://www.fcip-shiken.jp/) をご参照ください。

# ① 建築学

# ① 建築学

## 1 計画原論

### 1-1 換気に関する記述として、**適当**か、**不適当**か、判断しなさい。

Check ☐☐☐

**問題1**
　室内空気の二酸化炭素の濃度は、室内空気質の汚染を評価するための指標として用いられている。

Check ☐☐☐

**問題2**
　風圧力による自然換気の量は、開口部面積と風速に比例する。

Check ☐☐☐

**問題3**
　室内外の温度差による自然換気では、温度差が大きくなるほど換気量は多くなる。

Check ☐☐☐

**問題4**
　室内外の温度差による換気では、排気のための開口部は低い位置に設けるのがよい。

Check ☐☐☐

**問題5**
　第3種機械換気方式は、室内を正圧に保つことができる。

Check ☐☐☐

**問題6**
　冷暖房を行う部屋では、換気設備に全熱交換器を用いると、換気による熱損失、熱取得を軽減できる。

Check ☐☐☐

**問題7**
　室内での二酸化炭素発生量が多いほど、必要換気量は多くなる。

Check ☐☐☐

**問題8**
　必要換気回数とは、必要換気量をその室の容積で割ったものである。

# 解　説

**問題1　正しい**

**問題2　正しい**

**問題3　正しい**

**問題4　誤り**

　室内外の温度差による換気では、下部の開口部から屋外の空気が吸い込まれ、上部の開口部から軽い空気が排出されるため、**排気のための開口部は高い位置**に設けるのがよい。

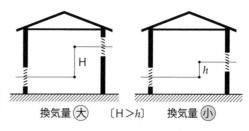

換気量⊛　〔H＞h〕　換気量⊛

**問題5　誤り**

　機械換気方式には、３種類あり、そのうち、**第3種機械換気方式**は、室内の排気は排風機を用いて屋外に排出し、外気は、給気口より自然に流入させる方式で、室内を負圧に保つことができる。厨房・湯沸かし室・便所・コピー室等に用いられる。

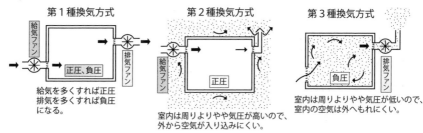

**問題6　正しい**

**問題7　正しい**

**問題8　正しい**

$$必要換気回数（回／h）＝\frac{必要換気量（m^3/h）}{室容積（m^3）}$$

## 1-2

伝熱・結露に関する記述として、**適当**か、**不適当**か、判断しなさい。

**Check** ☐☐☐

**問題1**
　壁体を貫流する熱量は、外気温度と室内温度の差が大きいほど多くなる。

**Check** ☐☐☐

**問題2**
　壁面の熱伝達率は、壁の表面に当たる風速が大きいほど小さい値となる。

**Check** ☐☐☐

**問題3**
　熱伝導率は、一般に密度が大きい材料ほど大きくなる傾向がある。

**Check** ☐☐☐

**問題4**
　熱伝導抵抗は、材料の厚さが同じ場合、グラスウールの方がコンクリートより大きい。

**Check** ☐☐☐

**問題5**
　壁体は、熱貫流率が大きいものほど断熱性能が低い。

**Check** ☐☐☐

**問題6**
　建物の室内温度は、熱容量の大きい建物ほど外気温の変動に対して緩やかに変化する。

**Check** ☐☐☐

**問題7**
　外壁の室内側表面の結露を防止する対策として、壁の表面に近い空気を流動させる。

**Check** ☐☐☐

**問題8**
　外壁の室内側表面の結露を防止する対策として、壁体の熱貫流率を大きくする。

**Check** ☐☐☐

**問題9**
　外壁の室内側表面の結露を防止する対策として、熱橋（ヒートブリッジ）となる部分には断熱材を施す。

**Check** ☐☐☐

**問題10**
　外壁の室内側表面の結露を防止する対策として、室内より絶対湿度の低い外気との換気を行う。

# 解 説

**問題1　正しい**

**問題2　誤り**

　**熱伝達率 α** は、空気から壁等へ、又は壁等の表面から空気へ熱が伝わることをいい、対流熱伝達と放射熱伝達がある。壁面の熱伝達率は、外気温、熱放射、風向、風速等が影響し、<u>壁の表面に当たる**風速**が**大きい**ほど**大きい**値となる。</u>

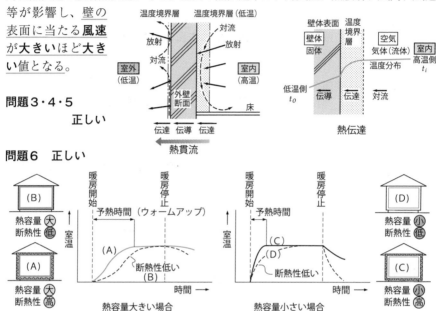

**問題3・4・5　正しい**

**問題6　正しい**

熱容量大きい場合　　　　　　熱容量小さい場合

**問題7　正しい**

**問題8　誤り**

　壁体の**熱貫流率**（外壁や天井など建築物壁面の熱の伝わりやすさを数値として表したもの）を大きくすると、外壁の室内表面温度が低くなり、表面結露を起こしやすくなるので、<u>壁体の熱貫流率をできるだけ**小さく**する。</u>

**問題9　正しい**

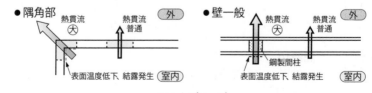

ヒートブリッジ

**問題10　正しい**

## 1-3

日照及び日射に関する記述として、**適当**か、**不適当**か、判断しなさい。

**Check** ☐☐☐

### 問題1
大気透過率が大きいほど、直達日射が強くなり、天空日射は弱くなる。

**Check** ☐☐☐

### 問題2
日照率とは、日照時間の可照時間に対する比を百分率で表したものをいう。

**Check** ☐☐☐

### 問題3
日影曲線図は、一般に測定地点における真太陽時により表す。

**Check** ☐☐☐

### 問題4
建物の日影の方向と長さは、太陽の方位角と高度により決まる。

**Check** ☐☐☐

### 問題5
日影を考慮した隣棟間隔は、前面隣棟間隔係数に南側の建築物の最高高さを乗じて求める。

**Check** ☐☐☐

### 問題6
日射量は、ある面が単位面積当たり単位時間内に受ける熱量で表される。

**Check** ☐☐☐

### 問題7
夏至における建物の鉛直壁面が受ける1日の直達日射量は、南面の方が西面より大きい。

**Check** ☐☐☐

### 問題8
水平ルーバーは西日をさえぎるのに効果があり、縦ルーバーは夏季の南面の日射を防ぐのに効果がある。

**Check** ☐☐☐

### 問題9
建物の屋上面を植栽することは、屋内への日射熱の影響を低減させるために有効である。

# 解 説

問題1　正しい

問題2　正しい

問題3　正しい

問題4　正しい

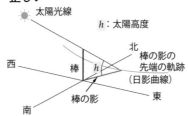

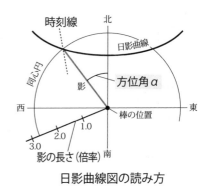

日影曲線図の読み方

問題5　正しい

問題6　正しい

問題7　誤り

　夏至における太陽高度は、最も高くなり、1年のうちで**水平面**の直達日射量は**最大**となるが、**南面の垂直壁面は最小**となる。

（参考）

● 冬至の終日日射量は、**南向き鉛直面**が他のどの向きの鉛直面よりも**大きい**。

● **夏至**に**終日日影**となる部分は、1年を通じて日影となるので**永久日影**という。

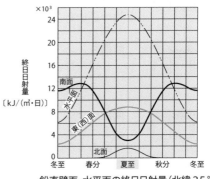

鉛直壁面・水平面の終日日射量（北緯35°）

問題8　誤り

　西日は水平に近い日差しとなるため、**縦形ルーバー**が西日をさえぎるのに効果があり、**水平ルーバー**は夏季の日中の太陽高度の高い**南面の日射を防ぐ**のに効果がある。

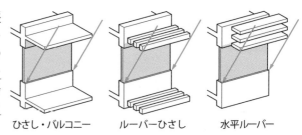

ひさし・バルコニー　　ルーバーひさし　　水平ルーバー

問題9　正しい

採光及び照明に関する記述として、**適当**か、**不適当**か、判断しなさい。

Check
☐☐☐
### 問題1
全昼光は、直射光と天空光を合わせたものである。

Check
☐☐☐
### 問題2
昼光率とは、室内のある水平面の照度と、屋外の全天空照度との比率をいう。

Check
☐☐☐
### 問題3
均斉度は、室内の照度分布の均一性を表す指標で、最高照度に対する最低照度の比で示される。

Check
☐☐☐
### 問題4
間接照明は、直接照明よりも陰影が濃くなる。

Check
☐☐☐
### 問題5
全般照明と局部照明を併用する場合、全般照明の照度は、局部照明による照度の1/10以上とするのが望ましい。

Check
☐☐☐
### 問題6
光天井照明は、室内の照度分布が均等になり、照明による影がやわらかくなる。

Check
☐☐☐
### 問題7
点光源による照度は、光源からの距離の2乗に反比例する。

Check
☐☐☐
### 問題8
人工照明は、自然採光に比べ一定の明るさを保ちやすい。

Check
☐☐☐
### 問題9
人工光源は、色温度が高くなるほど赤みがかった光色となる。

Check
☐☐☐
### 問題10
演色性は、物の色の見え方に影響を与える光源の性質をいう。

# 解 説

## 問題１〜３　正しい

## 問題４　誤り

　**間接照明**は、光源からの直接光を使用せず、壁面・天井面などで反射させてから作業面を照らすので効率は悪くなるが、照度を均一にしやすく、雰囲気のある照明が可能で、<u>直接</u>照明よりも陰影は<u>薄く</u>なる。

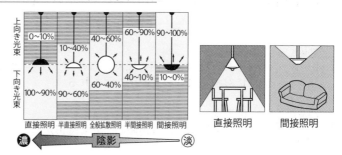

## 問題５　正しい

**(参考)** **タスク・アンビエント照明**は、全般照明と局部照明を併せて行う方式である。

## 問題６・７　正しい

　点光源による照度は、**光源からの距離の２乗に反比例**して変化し、**小さくなる**。これを距離の逆２乗法則という。

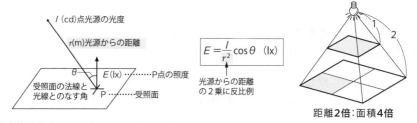

**(参考)** **照度**とは、**受照面の明るさ**を表し、単位面積当たりに入射する光束の量である。

## 問題８　正しい

## 問題９　誤り

　**人工光源**は、<u>色温度が高くなるほど、黒→深赤→橙→桃→白→青白→青と色が変化する</u>。色温度の低い白熱電球はやや赤みを帯び、色温度の高い水銀灯の光は青みがかって見える。建築では昼間は色温度が高い光、夜には色温度の低い光というように使い分けている。

## 問題10　正しい

16

**1-5** 音響に関する記述として、**適当**か、**不適当**か、判断しなさい。

Check

**問題1**
　人の耳で聞きとれる音の周波数は、一般に20～20,000 Hzといわれている。

Check

**問題2**
　音が1点から球面状にひろがる場合、音の強さは音源からの距離の2乗に反比例する。

Check

**問題3**
　騒音は、伝搬の仕方によって、一般に空気伝搬音と固体伝搬音とに分けられる。

Check

**問題4**
　NC曲線は、騒音が人に与える不快感やうるささの程度を、周波数別に許容値で示した曲線である。

Check

**問題5**
　騒音レベルは、一般に普通騒音計のA特性で測定した音圧レベルで表される。

Check

**問題6**
　騒音レベルによる許容値は、一般に図書室より住宅の寝室の方が大きい。

Check

**問題7**
　単層壁の透過損失は、同じ材料の場合、厚さが厚いものほど小さい。

Check

**問題8**
　床衝撃音は、軽量床衝撃音と重量床衝撃音とがある。

Check

**問題9**
　講演を主とする室の最適残響時間は、音楽ホールに比べて短い。

Check

**問題10**
　室容積が同じ場合、室内の総吸音力が大きくなると、残響時間は長くなる。

# 解 説

## 問題1　正しい
## 問題2　正しい

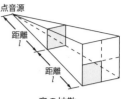

点音源

距離 $l$

距離 $l$

音の拡散

　**音の強さ**は、音のエネルギーの大きさで表され、音が1点から球面状にひろがる場合、音の強さは音源からの距離の2乗に反比例して小さくなる。

## 問題3〜5　正しい
## 問題6　誤り

　騒音レベルによる許容値は、<u>図書室（45 dB）</u>より住宅の**寝室（40 dB）**の方が小さい。

| 室　名 | 騒音レベルdB（A） |
|---|---|
| スタジオ、音楽ホール | 25 〜 30 |
| 多目的ホール、劇場、音楽教室 | 30 〜 35 |
| **住宅（寝室含）**、ホテル、会議室 | **35 〜 40** |
| 映画館、**図書室**、美術館、博物館 | **40 〜 45** |
| 事務室、レストラン | 50 〜 55 |
| 体育館、作業場 | 55 〜 65 |
| 工場 | 65 〜 80 |

**（参考）**
遮音による騒音防止の効果を上げるには、壁や窓などの透過損失の値を高める。

## 問題7　誤り

　**透過損失**は、壁を透過した音が入射した音よりどれだけ弱くなったかを表したもので、単層壁の透過損失は、壁材の密度が大きいほど、同材料の**厚さが厚い**ものほど大きくなる。

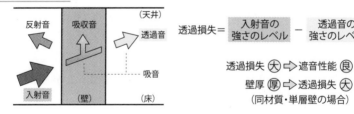

反射音　吸収音　（天井）
透過音
吸音
入射音　（壁）　（床）

透過損失 ＝ 入射音の強さのレベル − 透過音の強さのレベル

透過損失 大 ⇨ 遮音性能 良
壁厚 厚 ⇨ 透過損失 大
（同材質・単層壁の場合）

## 問題8・9　正しい
## 問題10　誤り

$$残響時間 = \frac{0.161\,V}{A}\ (sec)$$

　残響時間は、室容積（$V$）に比例し、室内の総吸音力（$A$）に反比例するので、**室内の総吸音力**が**大きく**なると、残響時間は**短く**なる。

## 1-6

色彩に関する記述として、**適当**か、**不適当**か、判断しなさい。

**問題1**
色合いをもたない明度だけをもつ色を、無彩色という。

**問題2**
各色相における最も明度の高い色を、純色という。

**問題3**
色相の異なった色を並べると、互いに反発しあい色相が離れた色に見える。

**問題4**
色の膨張や収縮の感覚は、一般に、明度が低いほど膨張して見える。

**問題5**
同じ色でもその面積が大きいほど、明るく、あざやかさが増して見える。

**問題6**
補色を並べると、互いに強調しあい、あざやかさが増して見える。

**問題7**
色の温度感覚には、暖色や寒色と、それらに属さない中性色がある。

**問題8**
色のはで、じみの感覚は、一般に、彩度が高いほどはでに感じられる。

**問題9**
実際の位置よりも遠くに見える色を後退色、近くに見える色を進出色という。

**問題10**
壁の上部を明度の低い色、下部を明度の高い色で塗り分けると、安定感が生じる。

# 解 説

**問題1　正しい**

**問題2　誤り**

　**純色**とは、その色相のなかで最も鮮やかな色のことを指す。各色相において、<u>最も**彩度が高い色**である</u>。ただし、色空間によっては純色以外にも彩度が最大になる色がある。純色の明度は色空間や表色系によって異なる。

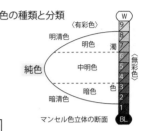

色の種類と分類

マンセル色立体の断面

**問題3　正しい　→　色相対比**

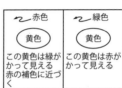

**問題4　誤り**

　色の膨張や収縮の感覚は、一般に、<u>**明度が高い**(明るい色)</u>ほど**膨張**して見え、明度が低い(暗い色)ほど収縮して見える。

**問題5　正しい　→　色の面積効果**

**問題6　正しい　→　補色対比**（2つの色を混ぜて灰色になるとき、その2色は互いに補色の関係にあるという。）

**問題7　正しい**

**問題8　正しい**

**問題9　正しい**

面積小

色の面積効果

補色対比

暖色と寒色

**問題10　誤り**

　明度の高い色は軽く感じられ、低い色は重く感じられる。一般に建築では、<u>壁の上部を明度の高い色で、下部を明度の低い色で塗り分けて用いる</u>。逆の色使いをすると、安定感がなくなり、精神的な安心感が損なわれる。

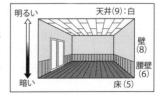

教室(居室)の仕上材の明度

# 2 一般構造

## 2-1

基礎構造に関する記述として、**適当**か、**不適当**か、判断しなさい。

**Check** ☐☐☐

### 問題1
洪積層より沖積層の方が、建築物の支持地盤として適している。

**Check** ☐☐☐

### 問題2
直接基礎は、フーチング基礎とべた基礎に大別される。

**Check** ☐☐☐

### 問題3
独立フーチング基礎は、一般に梁で連結しない。

**Check** ☐☐☐

### 問題4
複合フーチング基礎は、隣接する柱間隔が狭い場合などに用いられる。

**Check** ☐☐☐

### 問題5
直接基礎の底面の面積が同じであれば、基礎底面の形状が異なっても許容支持力は同じである。

**Check** ☐☐☐

### 問題6
杭基礎は、一般に直接基礎では建物自体の荷重を支えられない場合に用いられる。

**Check** ☐☐☐

### 問題7
支持杭は、主にその杭の先端に接する地盤の抵抗で支える。

**Check** ☐☐☐

### 問題8
杭に働く負の摩擦力とは、周囲の地盤が沈下することにより、杭周面に上向きに作用する力をいう。

**Check** ☐☐☐

### 問題9
場所打ちコンクリート杭は、地盤を削孔し、その中に鉄筋かごを挿入してコンクリートを打設してつくる。

**Check** ☐☐☐

### 問題10
同一建築物に異種の杭を混用すると、不同沈下による障害が発生しやすい。

# 解 説

**問題1** 誤り
**洪積層**の方が、建築物の支持地盤として適している。

**問題2** 正しい

**問題3** 誤り
**独立フーチング基礎**は、地震時に柱脚部分に生ずる曲げモーメントを負担させるため、強剛な地中梁で連結し、不同沈下を防止する。

**問題4** 正しい

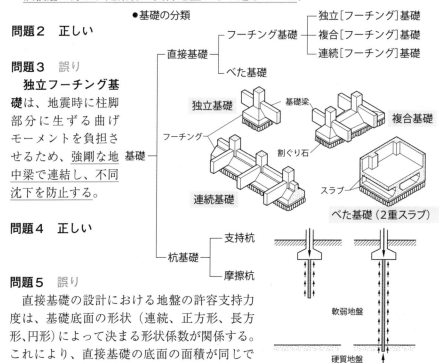

●基礎の分類

基礎 — 直接基礎 — フーチング基礎 — 独立[フーチング]基礎
　　　　　　　　　　　　　　　　　　 複合[フーチング]基礎
　　　　　　　　　　　　　　　　　　 連続[フーチング]基礎
　　　　　　　 べた基礎
　　　 杭基礎 — 支持杭
　　　　　　　 摩擦杭

独立基礎　基礎梁　複合基礎
フーチング　割ぐり石
連続基礎　スラブ　べた基礎（2重スラブ）

**問題5** 誤り
直接基礎の設計における地盤の許容支持力度は、基礎底面の形状（連続、正方形、長方形、円形）によって決まる形状係数が関係する。これにより、直接基礎の底面の面積が同じである場合でも、基礎底面の形状が異なると許容支持力は異なる。

軟弱地盤
硬質地盤
摩擦杭　支持杭

**問題6・7** 正しい
（**参考**）●杭は支持形式による分類から、支持杭と摩擦杭に分けられる。
　　　　●**摩擦杭**は、主に土と杭周面の**摩擦力**で支える。

**問題8** 誤り
杭に働く**負の摩擦力**とは、周囲の地盤が沈下することにより、杭周面に下向きに作用する力をいい、杭体に押し込み力が作用し、不同沈下の原因ともなる。

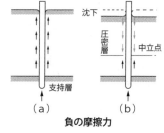

沈下
圧密層　中立点
支持層
（a）　（b）
負の摩擦力

**問題9** 正しい
**問題10** 正しい

## 2-2

鉄筋コンクリート構造に関する記述として、**適当**か、**不適当**か、判断しなさい。

**Check** ☐☐☐

**問題1**
　鉄筋の許容付着応力度は、コンクリートの設計基準強度に関係なく一定とする。

**Check** ☐☐☐

**問題2**
　かぶり厚さは、耐火性、耐久性を確保するうえで重要である。

**Check** ☐☐☐

**問題3**
　柱、梁の主筋には、引張応力は生じるが圧縮応力は生じない。

**Check** ☐☐☐

**問題4**
　柱の出隅部の主筋では、異形鉄筋を使用しても鉄筋の末端部にフックを必要とする。

**Check** ☐☐☐

**問題5**
　帯筋は、一般に柱の中央部より上下端部の方の間隔を密にする。

**Check** ☐☐☐

**問題6**
　構造耐力上主要な部分である柱の帯筋比は、0.2％以上とする。

**Check** ☐☐☐

**問題7**
　帯筋としてスパイラル筋を使用すると、柱の強度と粘り強さを増す効果がある。

**Check** ☐☐☐

**問題8**
　梁の断面算定にあたっては、コンクリートの引張強度は無視する。

**Check** ☐☐☐

**問題9**
　あばら筋は、梁のせん断補強に用いられる。

**Check** ☐☐☐

**問題10**
　柱と接する腰壁などの非耐力壁は、柱に悪影響を及ぼさないようにスリットを設けて縁を切ることがある。

**Check** ☐☐☐

**問題11**
　スラブ厚が小さくなると、たわみや振動障害を生じやすい。

**Check** ☐☐☐

**問題12**
　四辺固定の長方形床スラブの中央部の引張鉄筋は、スラブの上側に配筋する。

# 解　説

**問題1**　誤り

　鉄筋の**許容付着応力度**は、コンクリートの設計基準強度により決まるので、設計基準強度が**大きく**なると、許容付着応力度は比例して**大きく**なる。

**問題2**　正しい

**問題3**　誤り

　柱、梁の**主筋**には、曲げによる引張応力も圧縮応力も生じる。例えば、梁の場合、中立軸より下部に引張応力が働く時は、上部に圧縮応力が働く。

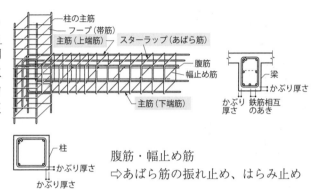

腹筋・幅止め筋
⇨あばら筋の振れ止め、はらみ止め

**（参考）** ● 柱は、**軸方向の圧縮力**、**曲げモーメント**及び**せん断力**に十分耐えられるようにする。
● 構造耐力上主要な部分である梁は、全スパンにわたり**複筋梁**とする。
● ラーメン構造の梁に長期荷重が作用する場合には、一般に梁中央部の下側に引張力が生じる。

**問題4〜10**　正しい
**（参考）**
　**腰壁**や**垂れ壁**が付いた柱は、地震時に**せん断破壊**を起こしやすい。

完全スリット型の例

部分スリット型の例

**問題11**　正しい

**問題12**　誤り

　**四辺固定の長方形床スラブ**の中央部は、スラブ下側に曲げモーメントが起きるので、**引張鉄筋**は、スラブの**下側**に配筋する。

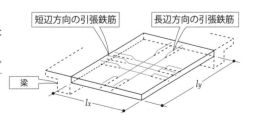

## 2-3 鉄骨構造に関する記述として、**適当**か、**不適当**か、判断しなさい。

### 問題 1
軽量鋼構造の軽量形鋼は、普通の形鋼に比べて部材にねじれや局部座屈が生じやすい。

### 問題 2
フランジは、主に曲げモーメントを負担し、ウェブプレートは、主にせん断力を負担する。

### 問題 3
スチフナーは、ボルト接合の継手を構成するために、母材に添える板のことである。

### 問題 4
ダイアフラムは、柱と梁の接合部に設ける補強材である。

### 問題 5
柱脚の形式には、露出形式、根巻き形式、埋込み形式がある。

### 問題 6
合成梁に用いるスタッドボルトは、鉄骨梁と鉄筋コンクリート床版が一体となって働くようにするために設ける。

### 問題 7
引張材では、ボルト孔などの断面欠損は部材の強さに影響しない。

### 問題 8
高力ボルト接合の摩擦面は、適切な粗さにして一定のすべり係数を確保する。

### 問題 9
スプライスプレートは、厚さの異なる板を高力ボルトなどで接合する際、板厚の差をなくすために挿入する板である。

### 問題10
完全溶込み溶接は、溶接部の強度が母材と同等になるように全断面を完全に溶け込ませる溶接である。

### 問題11
隅肉溶接の有効長さは、隅肉溶接の始端から終端までの長さである。

# 解　説

問題1　正しい

問題2　正しい

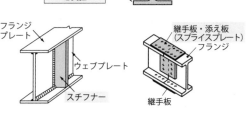

問題3　誤り

　**スチフナー**は、補剛材で、ウェブ材の座屈を防ぐため、梁せい方向に取り付ける材のことである。ボルト接合の継手を構成するために、母材に添える板は、スプライスプレート（添板）である。

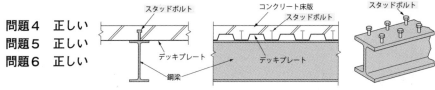

問題4　正しい

問題5　正しい

問題6　正しい

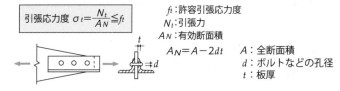

問題7　誤り

　引張材では、ボルト孔等の断面欠損は、部材の強さに影響し、引張力がかかっている場合、部材が破断するときは、断面欠損部分から起きる。

$$\text{引張応力度 } \sigma_t = \frac{N_t}{A_N} \leqq f_t$$

$f_t$：許容引張応力度
$N_t$：引張力
$A_N$：有効断面積

$A_N = A - 2dt$

$A$：全断面積
$d$：ボルトなどの孔径
$t$：板厚

問題8　正しい

問題9　誤り

　**スプライスプレート**とは、添え板のことで鋼構造部材である鉄骨柱や梁などの継手において、応力伝達のために部材に添える接合用鋼板のことである。設問の記述は**フィラープレート**についての記述である。

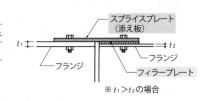

※ $t_1 > t_2$の場合

問題10　正しい

問題11　誤り

　隅肉溶接の**有効長さ**は、始端と終端は十分のど厚がとれないので、まわし溶接を含めた全長から、**隅肉サイズの2倍を差し引く**。

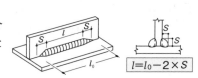

$l = l_0 - 2 \times S$

## 2-4

鉄筋コンクリート構造と比較した鉄骨構造の建築物の一般的な特徴に関する記述として、**適当**か、**不適当**か、判断しなさい。

Check ☐☐☐

**問題1**
同じ容積の建築物では、構造体の軽量化が図れる。

Check ☐☐☐

**問題2**
自重が小さいため、建築物に加わる地震力が小さくなる。

Check ☐☐☐

**問題3**
固定荷重に対する積載荷重の比率が大きい。

Check ☐☐☐

**問題4**
構造部材の設計にあたっては、座屈についての検討が重要である。

Check ☐☐☐

**問題5**
鉄骨は、腐食しにくく、かつ、熱の影響を受けにくい。

Check ☐☐☐

**問題6**
鋼材は不燃材料であるから、鉄骨構造の骨組は十分な耐火性能を有する。

Check ☐☐☐

**問題7**
大スパンの建築物が可能である。

Check ☐☐☐

**問題8**
鋼材は強くて粘りがあるため、鉄骨構造は変形能力が大きい。

Check ☐☐☐

**問題9**
工場加工の比率が高く、現場作業が少ない。

# 解　説

問題1　正しい
問題2　正しい
問題3　正しい

問題4　正しい
　鉄骨構造の鋼材は、強度が大きいので部材が細
く、薄くなりやすい。構造部材の設計にあたって
は、座屈や変形、ねじれ等についての検討が重要
である。

問題5　誤り
　鉄骨は、錆びやすく、腐食しやすい。また、<u>火災による熱の影響を受けやすい</u>
ので、防錆処理と耐火被覆を行う必要がある。

問題6　誤り
　鋼材は不燃材料ではあるが、**熱に対して弱い**ため、鉄骨構造は耐火構造ではな
い。耐火性能を有する骨組とするためには、耐火被覆を施す必要がある。
**(参考)** **コンクリート**は一般的には熱に強い材料とされており、鉄筋コンクリー
　　　　ト造の構造物が火災に遭っても、通常は簡単な補修で継続使用が可能で
　　　　ある。しかし、<u>不燃性ではあるが、長時間火熱を受けると変質し強度は</u>
　　　　<u>低下する</u>。

問題7　正しい
問題8　正しい
問題9　正しい

## 2-5
木造在来軸組工法に関する記述として、**適当**か、**不適当**か、判断しなさい。

Check ☐☐☐
### 問題1
土台は、柱の下部に配置して、柱からの荷重を基礎に伝えるために用いられる。

Check ☐☐☐
### 問題2
筋かいにより引張力が生じる柱の脚部近くの土台には、アンカーボルトを設置する。

Check ☐☐☐
### 問題3
構造耐力上主要な柱の有効細長比は、150以下とする。

Check ☐☐☐
### 問題4
2階建の隅柱は、通し柱とするか又は接合部を通し柱と同等以上の耐力を有するように補強した柱とする。

Check ☐☐☐
### 問題5
3階建ての1階の柱の断面は、小径10.5cm以上とする。

Check ☐☐☐
### 問題6
胴差は、垂木を直接受けて屋根荷重を柱に伝えるために用いられる。

Check ☐☐☐
### 問題7
圧縮力を負担する筋かいは、厚さ3cm以上で、幅9cm以上とする。

Check ☐☐☐
### 問題8
筋かいと間柱の交差する部分は、筋かいを欠き取らずに、間柱断面を切り欠くようにする。

Check ☐☐☐
### 問題9
筋かいを入れた軸組の構造耐力上必要な長さの算定において、軸組長さに乗ずる倍率は、たすき掛けの場合、片側のみの場合の3倍とする。

Check ☐☐☐
### 問題10
地震力に対して有効な耐力壁の必要長さは、各階の床面積が同じ2階建であれば、1、2階とも同じである。

Check ☐☐☐
### 問題11
真壁は、壁を柱と柱の間に納め、柱が外面に現れる壁をいう。

# 解説

**問題1〜4　正しい**

**問題5**　誤り

　地階を除く**階数が2を超える**建築物の**1階**の**構造耐力上主要な部分である柱**の張り間方向及びけた行方向の**小径**は、**13.5cm**を下回ってはならない（構造計算等によって構造耐力上安全であることが確かめられた場合はこの限りでない）。

**問題6**　誤り

　**胴差**は、1階と2階の間に用いられる横架材で、<u>2階以上の荷重を1階の管柱に伝えるため</u>と、<u>1階管柱の頭つなぎと2階管柱の足固めの役割</u>を果たす。垂木を直接受けて屋根荷重を柱に伝えるために用いられるのは、**桁**である。

**（参考）**●梁、桁その他の横架材のスパン中央部付近の下側には、欠込みを設けないものとする。

　　　　●火打梁は、外周軸組の四隅や大きな力を受ける間仕切軸組の交差部に入れ、骨組の水平面を堅固にする。

**問題7・8　正しい**

**（参考）**筋かいをたすき掛けにするため、やむを得ず筋かいを欠き込む場合は、必要な補強を行う。

**問題9**　誤り

　軸組長さに乗ずる倍率は、**たすき掛け**の場合、片側のみの場合の数値の**2倍**とする。

**（参考）**筋かいは、地震力などの水平荷重に対して、建築物にねじれが生じないようにつり合いよく配置する。

**問題10**　誤り

　地震力に対しての構造耐力上必要な軸組等については、建築基準法施行令に階の床面積に乗ずる数値（単位：cm/㎡）として定められており、構造によってその数値は異なるが、各階の床面積が同じ2階建の場合、**1階**の方が**大きく**取らなければならず、有効な耐力壁の**必要長さ**は**長く**なる。

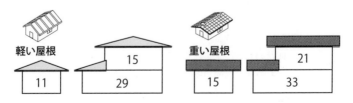

**問題11　正しい**

## 2-6 構造設計に関する記述として、**適当**か、**不適当**か、判断しなさい。

**問題1**
　固定荷重は、建築物各部自体の体積にその部分の材料の単位体積質量及び重力加速度を乗じて算定する。

**問題2**
　事務室の積載荷重の値は、一般に大梁、柱又は基礎の構造計算用より、床の構造計算用の方を小さくする。

**問題3**
　屋根面に勾配がある場合は、積雪荷重をその勾配に応じて低減することができる。

**問題4**
　屋根面における積雪量が不均等となるおそれのある場合は、その影響を考慮して積雪荷重を計算する。

**問題5**
　雪下ろしを行う慣習のある地方では、積雪荷重を低減することができる。

**問題6**
　風圧力は、速度圧に風力係数を乗じて算定する。

**問題7**
　風力係数は、建築物の断面及び平面の形状に応じて定められている。

**問題8**
　多雪区域以外の区域であっても、地震時において積雪荷重を考慮する必要がある。

**問題9**
　地震層せん断力係数は、上階になるほど小さくなる。

# 解 説

**問題1　正しい**

**問題2　誤り**

　構造計算に用いる積載荷重の数値は、室の種類と構造計算の対象によって異なり、積載荷重の大小関係は、一般に、**床用＞大ばり・柱・基礎用＞地震力用**となる。
　**事務室の積載荷重**の値は、大梁、柱又は基礎の構造計算用で1,800N/㎡、床の構造計算用で2,900N/㎡である。

**問題3　正しい**
**(参考)**●積雪荷重は、積雪の**単位荷重**に屋根の**水平投影面積**及びその地方の**垂直積雪量**を乗じて計算する。
　　　　●雪止めが無い屋根の積雪荷重は、屋根勾配が**60度を超える**場合には**0**とすることができる。

**問題4～7　正しい**

**問題8　誤り**

　多雪区域ではない地域（一般の場合）における、地震時に生じる力を求めるときの荷重の組合せには、積雪荷重は含まれていない。したがって、地震時の荷重を、積雪荷重と組み合わせる必要はない。

| 力の種類・状態 | | 一般の場合 | 多雪区域 |
|---|---|---|---|
| 長　期 | 常　時 | （G＋P） | （G＋P） |
| | 積雪時 | | （G＋P）＋0.7 S |
| 短　期 | 積雪時 | （G＋P）＋S | （G＋P）＋S |
| | 暴風時 | （G＋P）＋W | （G＋P）＋W |
| | | | （G＋P）＋0.35 S＋W |
| | **地震時** | （G＋P）＋K | （G＋P）＋0.35 S＋K |

　G：固定荷重によって生ずる力　　P：積載荷重によって生ずる力
　S：**積雪荷重**によって生ずる力　　W：風圧力によって生ずる力
　K：地震力によって生ずる力

**問題9　誤り**
　**地震層せん断力係数**の計算式は、次式による。

　　　$C_i = Z \cdot R_t \cdot A_i \cdot C_0$

　$C_i$は地震層せん断力係数、$Z$は地震地域係数、$R_t$は建築物の振動特性、$C_0$は標準せん断力係数である。$A_i$は建築物の振動特性に応じて地震層せん断力係数の建築物の高さ方向に変化することに対する補正係数で、建築物の**上階**ほど**大きく**なる。

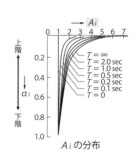

$A_i$の分布

## 2-7

構造設計及び構造計画に関する記述として、**適当**か、**不適当**か、判断しなさい。

**Check** ☐☐☐

### 問題1
一般の鉄筋コンクリート造建築物では、風圧によって生じる応力より、地震によって生じる応力の方が小さい。

**Check** ☐☐☐

### 問題2
鉄筋コンクリート構造において、大梁は、曲げ降伏よりもせん断破壊を先行するように設計する。

**Check** ☐☐☐

### 問題3
構造体は、その変形により建築非構造部材や建築設備の機能に支障をきたさないように設計する。

**Check** ☐☐☐

### 問題4
建物の上下階において、剛性、耐力、重量の急変はできるだけ避ける。

**Check** ☐☐☐

### 問題5
耐震壁は、水平せん断力に対して有効である。

**Check** ☐☐☐

### 問題6
耐震壁は、上階、下階とも同じ位置になるように設けるのがよい。

**Check** ☐☐☐

### 問題7
柱は、平面的には規則的に配置し、立体的には上下階の柱が通るようにするのがよい。

**Check** ☐☐☐

### 問題8
耐震の面からは、剛心と重心との距離をできるだけ大きくするのがよい。

**Check** ☐☐☐

### 問題9
Ｌ字形などの平面形の場合は、伸縮継手（エキスパンションジョイント）を設け、いくつかのブロックに分割するのがよい。

**Check** ☐☐☐

### 問題10
建物に耐震上設けるエキスパンションジョイント部のあき寸法の検討には、建物の高さを考慮する必要はない。

# 解 説

**問題1** 誤り

　地震時における水平力は、建物の自重が大きければ大きいほど、建物に大きな力となって作用する。また、風圧力は、建物形状と見付け面積等によって決まるもので、建物の自重とは関係がない。したがって、一般の鉄筋コンクリート造建築物では、<u>自重が大きいため、風圧によって生じる応力より、**地震**によって生じる応力の方が**大きい**</u>。

**問題2** 誤り

　**大梁**は、両端での<u>**曲げ降伏**がせん断破壊に**先行**するように設計すること</u>により、ぜい性破壊を防止し、変形能力を増し、大地震に対し粘りで抵抗させることができる。

**問題3** 正しい
**問題4** 正しい
**問題5** 正しい
**問題6** 正しい
**問題7** 正しい

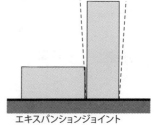

ピロティなど

□ 剛性率の大きい階
□ 剛性率の小さい階

**問題8** 誤り

　建物の剛心と重心との距離が大きくなると、**偏心距離**が大きくなるので、ねじれが生じ、耐震設計上不利になるので、耐震の面からは、<u>剛心と重心との距離は、できるだけ**小さく**する</u>。

ねじれの影響により変形が大きくなり被害が発生

地震力

偏心距離　　+ 重心
　　　　　　× 剛心

**問題9** 正しい

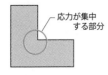

応力が集中する部分

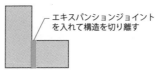

エキスパンションジョイントを入れて構造を切り離す

**問題10** 誤り

　建物に耐震上設ける**エキスパンションジョイント**部のあき寸法の検討には、建物の**高さを考慮**する。高さが高くなれば、揺れ幅は大きくなり、不規則なゆれを考慮すると、あきを大きくとる必要がある。

エキスパンションジョイント

# 3　建築材料

3-1 セメント・骨材・コンクリートに関する記述として、**適当**か、**不適当**か、判断しなさい。

Check ☐☐☐

**問題1**
セメントは、水との水和反応に伴って熱を発生する。

Check ☐☐☐

**問題2**
セメントの粉末が微細なほど、コンクリートの強度発現は遅くなる。

Check ☐☐☐

**問題3**
コンクリートの熱膨張率は、鉄筋とほぼ同じである。

Check ☐☐☐

**問題4**
コンクリートの単位水量が多いと、ひび割れが起こりやすい。

Check ☐☐☐

**問題5**
水セメント比が大きいほど、コンクリートの圧縮強度は大きくなる。

Check ☐☐☐

**問題6**
水セメント比が大きくなると、コンクリートの耐久性は大きくなる。

Check ☐☐☐

**問題7**
コンクリートの長期の許容圧縮応力度は、設計基準強度の1/3とする。

Check ☐☐☐

**問題8**
コンクリートの短期の許容圧縮応力度は、長期に対する値の2倍とする。

Check ☐☐☐

**問題9**
コンクリートの引張強度は、圧縮強度の1/10程度である。

Check ☐☐☐

**問題10**
コンクリートはアルカリ性であるので、コンクリート中の鉄筋が錆びるのを防ぐ。

# 解 説

**問題1　正しい**
(参考)●コンクリートの**自己収縮**は、セメントの**水和反応**により生じる。
　　　●コンクリートの**乾燥収縮**は、**ひび割れ発生**の主要な**原因**となる。

**問題2　誤り**
　セメントの粉末が**微細**なほど**強度発現**の上昇速さは**早まる**が、早く風化されやすく、セメントは水を加えなくても空気中の水分や二酸化炭素の影響で水和作用を起こして風化する。

**問題3　正しい**
**問題4　正しい**
(参考)コンクリートの水分が凍結と融解を繰り返すと、コンクリートにひび割れを生じさせる場合がある。

**問題5・6　誤り**
　**水セメント比**は、コンクリート中のセメントに対する水の質量比で、水セメント比が**大きい**ほど、コンクリートの**圧縮強度**は**小さく**なる。
　また、水セメント比が**小さく**なるほど、コンクリートの**耐久性**は**大きく**なる。

$$\text{水セメント比}\ (x) = \frac{\text{水の質量（W）}}{\text{セメントの質量（C）}} \times 100\ (\%)$$

(参考)コンクリートは、大気中の**炭酸ガス**やその他の酸性物質の浸透によって徐々に**中性化**する。また、不燃性ではあるが、長時間火熱を受けると変質し、強度は低下する。

**問題7〜9　正しい**

## コンクリートの許容応力度（N／mm²）

| | 長　期 | | | 短　期 | | |
|---|---|---|---|---|---|---|
| | 圧縮 | 引張 | せん断 | 圧縮 | 引張 | せん断 |
| 普通コンクリート | $\frac{1}{3}F_c$ | — | $\frac{1}{30}F_c$ かつ $\left(0.49 + \frac{1}{100}F_c\right)$ 以下 | 長期に対する値の**2倍** | — | 長期に対する値の1.5倍 |
| 軽量コンクリート1種および2種 | | | 普通コンクリートに対する値の0.9倍 | | | |

［注］：$F_c$は、コンクリートの設計基準強度（N／mm²）を表す。

**問題10　正しい**

36

## 3-2

金属材料に関する記述として、**適当**か、**不適当**か、判断しなさい。

**問題1**
構造用鋼材の融点は、約500℃である。

**問題2**
構造用鋼材の線膨張係数は、約$1.2 \times 10^{-5}$（1/℃）である。

**問題3**
構造用鋼材の記号「SN」とは、建築構造用圧延鋼材のことである。

**問題4**
構造用鋼材の記号「SM」とは、一般構造用圧延鋼材のことである。

**問題5**
構造用鋼材の記号「STK」とは、一般構造用炭素鋼鋼管のことである。

**問題6**
構造用鋼材の記号「SSC」とは、一般構造用軽量形鋼のことである。

**問題7**
アルミニウムは、押出加工により複雑な断面形状が容易に得られ、サッシなどに用いられる。

**問題8**
青銅は、銅と亜鉛を主体とする合金で鋳造しやすく、装飾金物などに用いられる。

**問題9**
銅は、大気中で表面に緑青を生じるが内部への侵食は少なく、屋根葺き材などに用いられる。

# 解　説

**問題1**　誤り

　構造用鋼材の**融点**は、約**1,500℃**である。

**(参考)** 構造用鋼材の**密度**は、約7,850kg/m$^3$である。


**問題2**　正しい

**(参考)** 構造用鋼材の**ヤング係数**は、約2.05×10$^5$N/mm$^2$である。


**問題3**　正しい

　ＳＮとは、**建築構造用圧延鋼材**であり、建築物用の鋼材で、ＡＢＣの3つの性能の区分があり、Ａ種は溶接しない部材に、Ｂ種は溶接に適し、Ｃ種は板厚方向に大きな応力が生じる部分に用いる。


**問題4**　誤り

　ＳＭとは、**溶接構造用圧延鋼材**であり、とくに溶接性を向上させたものである。一般構造用圧延鋼材の種類記号は、ＳＳである。


**問題5**　正しい

　ＳＴＫとは、**一般構造用炭素鋼鋼管**であり、建築物に用いられる炭素鋼鋼管である。


**問題6**　正しい

**問題7**　正しい


**問題8**　誤り

　**青銅**は、銅とスズ（2～11％）との合金である。また、用途に応じてさらに亜鉛・鉛などを加えた銅合金を含めていう。給排水金具、建築用金物などに用いられる。設問は丹銅（ブロンズ板）、黄銅のことである。


**問題9**　正しい

## 3-3

木質材料に関する記述として、**適当**か、**不適当**か、判断しなさい。

**問題1**
　繊維に直交する方向の圧縮強度は、繊維方向の圧縮強度より小さい。

**問題2**
　木材の乾燥収縮は、繊維方向が最も小さい。

**問題3**
　気乾状態とは、木材の水分が完全に無くなった状態をいう。

**問題4**
　辺材は、心材に比べて乾燥にともなう収縮が小さい。

**問題5**
　木材の熱伝導率は、密度の小さいものほど小さく、含水率が小さいほど小さくなる。

**問題6**
　繊維飽和点以上では、含水率が変化しても強度はほとんど変わらない。

**問題7**
　合板は、単板3枚以上をその繊維方向が互いに直角となるように接着したものである。

**問題8**
　単板積層材は、単板を繊維方向が平行となるように積層接着したものである。

**問題9**
　集成材は、ひき板や小さい角材などを繊維方向が互いに直角となるように集成接着したものである。

**問題10**
　パーティクルボードは、木材などの小片を接着剤を用いて成形熱圧したものである。

**問題11**
　繊維板は、木材その他の植物繊維を主原料とし、これらを繊維化してから成形した板状材料である。

# 解　説

**問題1　正しい**
（参考）節のある**木材**の引張強度は、節のないものより小さい。

**問題2　正しい**

**問題3　誤り**
　**気乾状態**とは、大気中の水分と木材の含有水分が平衡になった状態の含水率で、気温20℃、相対湿度65％において、**約15％**である状態をいう。

**問題4　誤り**
　**心材**は、生きている細胞が無く、含水率も低く**耐久性**が**高い**。**辺材**は、水を通す機能を持っており、心材部分より**含水率**が**高い**ので、心材に比べて乾燥にともなう**収縮**が**大きい**。

**問題5　正しい**
**問題6　正しい**
**問題7　正しい**
**問題8　正しい**

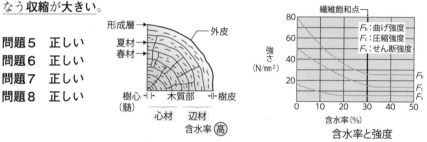

**問題9　誤り**
　**集成材**は、木材を切削してひき板や小角材等にし、欠点を削除した後に、再びそれらの**繊維を平行**にそろえて多数重ね、接着・成形したもので、構造用梁や角材、内法材等に用いる。

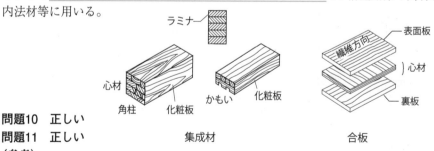

**問題10　正しい**
**問題11　正しい**
（参考）
- **フローリングボード**は、1枚のひき板を基材とした単層フローリングである。
- **フローリングブロック**は、板を2枚以上並べて正方形又は長方形に接合したものを基材とした単層フローリングである。

40

## 3-4　防水材料等に関する記述として、**適当**か、**不適当**か、判断しなさい。

**Check** ☐☐☐

### 問題1
アスファルトプライマーは、下地と防水層の接着性を向上させるために用いられる。

**Check** ☐☐☐

### 問題2
アスファルトルーフィングは、有機天然繊維を主原料とした原紙にアスファルトを浸透させたものである。

**Check** ☐☐☐

### 問題3
砂付ストレッチルーフィングは、アスファルト防水に用いられる。

**Check** ☐☐☐

### 問題4
砂付あなあきアスファルトルーフィングは、防水層と下地を密着するために用いるルーフィングである。

**Check** ☐☐☐

### 問題5
合成高分子系ルーフィングシートは、シート防水に用いられ、非歩行用や軽歩行用がある。

**Check** ☐☐☐

### 問題6
ウレタンゴム系の塗膜防水材は、屋根やバルコニーの防水に用いられる。

**Check** ☐☐☐

### 問題7
塗膜防水は、防水剤を混入したモルタルを用い、防水層を形成するものである。

**Check** ☐☐☐

### 問題8
ステンレスシート防水は、ステンレスシート又はチタンシートを用い、防水層を形成するものである。

**Check** ☐☐☐

### 問題9
シーリングにおけるモジュラスは、シーリング材表面の細かい亀甲状のひび割れである。

**Check** ☐☐☐

### 問題10
2成分形シーリング材は、施工直前に基剤、硬化剤の2成分を着色剤などとともに練り混ぜて使用するように調製したシーリング材である。

# 解 説

問題1　正しい
問題2　正しい
問題3　正しい

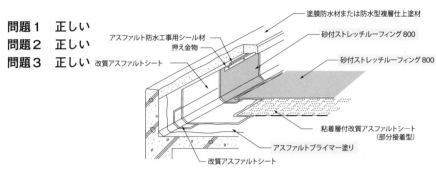

アスファルト防水工法（絶縁工法）

問題4　誤り

**砂付あなあきアスファルトルーフィング**は、<u>防水層</u>
<u>と下地を**絶縁**するために用いるルーフィング</u>で、ルー
フィングの全面に貫通孔を一定間隔に設けたもので、
防水層が下地に部分接着（絶縁工法）の防水層を形成す
る場合に使用される。

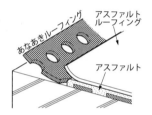

あなあきルーフィングの施工

問題5・6　正しい

問題7　誤り

**塗膜防水**は、<u>ウレタン等の合成高分子系の皮膜を現場生成し防水層を形成する</u>
<u>防水工法</u>であり、設問の内容は、**モルタル防水**である。

問題8　正しい

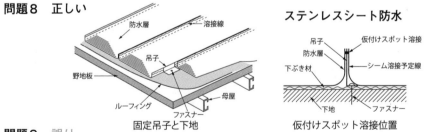

固定吊子と下地

ステンレスシート防水

仮付けスポット溶接位置

問題9　誤り

**モジュラス**とは、**引張応力**のことで、シーリング材では、50％の伸びを与えた
ときの応力を50％モジュラスという。

問題10　正しい

**(参考)** 1成分形シーリング材は、あらかじめ施工に供する状態に調製したシー
リング材である。

42

## 3-5 建築材料に関する記述として、**適当**か、**不適当**か、判断しなさい。

### 〈石 材〉

**Check**
**問題1**
大理石は、耐酸性が優れている。

**Check**
**問題2**
安山岩は、耐火性が優れている。

**Check**
**問題3**
小松石は火成岩の1つで、安山岩である。

**Check**
**問題4**
凝灰岩は、耐久性が乏しい。

**Check**
**問題5**
花こう岩は、耐火性が乏しい。

**Check**
**問題6**
稲田みかげは、花こう岩の一種である。

**Check**
**問題7**
大谷石は、粘板岩の一種である。

### 〈ガ ラ ス〉

**Check**
**問題8**
熱線吸収板ガラスは、遮熱効果がある。

**Check**
**問題9**
型板ガラスは、光線を通過させ、視線を遮る効果がある。

**Check**
**問題10**
複層ガラスは、結露防止や遮音に効果がある。

**Check**
**問題11**
強化ガラスは、破損時の飛散防止効果がある。

**Check**
**問題12**
熱線吸収網入板ガラスの切断面は、クリアカットとした。

# 解 説

**問題1** 誤り

**大理石**は、主に建物内部で用いられる代表的な装飾石材で、ち密で磨くと光沢が出る。<u>耐酸性</u>・耐火性に**乏しく**、屋外に使用すると半年から一年でつやを失う。**(参考)**「トラバーチン」、「ビアンコ　カラーラ」など。

**問題2**　正しい
**問題3**　正しい
**問題4**　正しい
**問題5**　正しい
**問題6**　正しい

**問題7**　誤り

**大谷石**は、栃木県宇都宮市大谷周辺で採掘される流紋岩質角礫**凝灰岩**である。凝灰岩は、火山の噴出物、砂、岩塊片等が水中あるいは陸上に堆積して凝固した岩石で軟らかく加工がしやすく、他の石材と比べ比重が小さく軽く、見た目に暖かみがある。

## 石材の性質

| 岩石名 | 強　度 | 比　重 | 耐火性 | 耐久性 | 耐摩耗性 |
|---|---|---|---|---|---|
| 花こう岩（みかげ石） | 大 | 大 | 小 | 大 | 大 |
| 安山岩 | 大 | 大 | 大 | 大 | 大 |
| 大理石 | 大 | 大 | 小 | 小 | 中 |
| 凝灰岩（大谷石） | 小 | 小 | 大 | 小 | 小 |
| 砂　岩 | 小 | 中 | 大 | 小 | 小 |

**問題8**　正しい

**(参考)熱線吸収板ガラス**は、**冷房負荷を軽減**させる効果がある。

**問題9**　正しい
**問題10**　正しい

**問題11**　誤り

**強化ガラス**は、板ガラスを約700度まで加熱した後、ガラス表面に空気を吹きつけ、均一に急激に冷やす事により生成されるガラス板であり、一般的なガラス（フロート板ガラス）に比べると3～5倍程度の強度が生まれる。強化ガラスはその表面が圧縮によって強化されているため、<u>割れると粉々に割れるため、飛散防止効果はない</u>。

**問題12**　正しい

# ② 共通

# ② 共 通

## 1 設備

1-1 給水設備等に関する記述として、**適当**か、**不適当**か、判断しなさい。

Check

### 問題1
　水道直結直圧方式は、水圧が大きすぎて戸建て住宅の給水には採用できない。

Check

### 問題2
　圧力タンク式の給水設備は、給水圧力の変動が大きく、また停電時には給水が期待できない。

Check

### 問題3
　飲料水用の給水タンクは、外部からタンクの天井、底及び周壁の保守点検を行うことができるように設ける。

Check

### 問題4
　飲料水用の給水タンク等の水抜き管は、一般排水系統へ直結せず間接排水とする。

Check

### 問題5
　給水タンクの容量は、1日の予想給水量をもとに、給水能力や使用時間などを考慮して決める。

Check

### 問題6
　飲料水用の給水タンク等の天井、底又は周壁は、建築物の構造体と兼用してはならない。

Check

### 問題7
　排水管には、排水トラップの封水切れを防止するために、通気管を設ける。

# 解 説

## 問題1　誤り

**水道直結直圧方式**は、水道本管から給水管を引き込み、直接、水道の圧力を利用して各水栓に給水する方式で、一般に２階建て程度で水栓の少ない場合に適する。

水道直結直圧方式

## 問題2　正しい

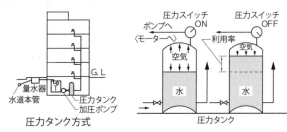

圧力タンク方式

圧力タンク

## 問題3　正しい
## 問題4　正しい
## 問題5　正しい
## 問題6　正しい
## 問題7　正しい

排水管には、排水トラップの封水切れを防止し、流れを円滑にするために、**通気管**を設ける。通気管は、雨水排水立て管と連結してはならない。

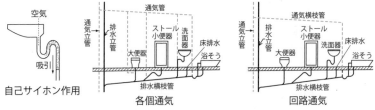

自己サイホン作用

各個通気

回路通気

排水設備に関する記述として、**適当**か、**不適当**か、判断しなさい。

Check ☐☐☐

**問題1**
　雑排水とは、便器からの排せつ物を含む排水をいう。

Check ☐☐☐

**問題2**
　合併処理式のし尿浄化槽では、汚水と、洗面所や台所からの雑排水を処理する。

Check ☐☐☐

**問題3**
　インバートとは、汚水ますなどの底部に設けられる下面が半円形状の溝である。

Check ☐☐☐

**問題4**
　雨水用ます及びマンホールの底部には、深さ50mm以上の泥だめを設ける。

Check ☐☐☐

**問題5**
　管きょの流路の方向が変化する箇所には、ます又はマンホールを設ける。

Check ☐☐☐

**問題6**
　管きょに用いる遠心力鉄筋コンクリート管は、一般に外圧管が用いられる。

Check ☐☐☐

**問題7**
　給水管と排水管を平行して埋設する場合の両配管の間隔は、原則として、500mm以上とする。

Check ☐☐☐

**問題8**
　排水管を給水管に近接して埋設する場合、排水管は給水管の上方に埋設する。

Check ☐☐☐

**問題9**
　地中埋設排水管を設ける場合、埋設管の長さがその内径又は内法幅の120倍を超えない範囲内で、ます又はマンホールを設ける。

Check ☐☐☐

**問題10**
　地中埋設排水管の勾配は、原則として1/100以上とする。

# 解 説

**問題1** 誤り

　**雑排水**とは、家庭から出る排水のうち、トイレからと雨水以外の排水のことである。具体的には、洗面、洗濯機、浴室、キッチン等からの排水をさす。便器からの排泄物を含む排水は入らない。

**問題2** 正しい

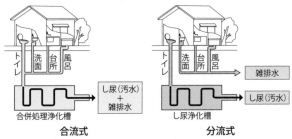

敷地内における排水方式の区分

**問題3** 正しい

**問題4** 誤り

　排水ますには雨水排水用の泥などが配管内に流れ込まないように、ます底に**泥だめ**を設けた雨水ますと、汚水排水用の汚物が滞留しない汚水ます（インバートます）等がある。雨水用ます及びマンホールの底部には、深さ**150mm以上**の泥だめを設ける。

**問題5** 正しい

**問題6** 正しい

**問題7** 正しい

**問題8** 誤り

　給水管と排水管が平行して埋設される場合には、原則として両配管の水平間隔は500mm以上とし、かつ、**給水管**は排水管の**上方**に埋設する。また、両配管が交差する場合も、給水管は、排水管の上方に埋設する。

**問題9** 正しい

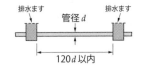

**問題10** 正しい

**（参考）**●遠心力鉄筋コンクリート管の排水管の埋設は、下流部より始め、順次上流部に向けて行うのがよい。

　　　　　●ソケットは受け口を上流に向けて敷設する。

**1-3** 電気設備、照明設備に関する記述として、**適当**か、**不適当**か、判断しなさい。

Check ☐☐☐

**問題1**
受電設備などの配電盤から分電盤や制御盤までの配線を幹線という。

Check ☐☐☐

**問題2**
電気回路には、回路の種類と電圧によって、漏電遮断器の取付けが義務付けられている。

Check ☐☐☐

**問題3**
大規模な建築物に対する電力の供給は、一般に6kV以上の電圧で行われる。

Check ☐☐☐

**問題4**
電圧の種別の低圧は、交流の場合、750V以下のものをいう。

Check ☐☐☐

**問題5**
キュービクルは、高圧受変電設備に関する用語である。

Check ☐☐☐

**問題6**
ケーブルラックは、幹線設備に関する用語である。

Check ☐☐☐

**問題7**
ＰＢＸは、照明設備に関する用語である。

Check ☐☐☐

**問題8**
ＬＡＮは、情報通信設備に関する用語である。

Check ☐☐☐

**問題9**
水銀ランプは、主に高天井の室内照明及び屋外照明に使用される。

Check ☐☐☐

**問題10**
調光装置は、白熱灯及び蛍光灯照明の照度調節に用いられる。

Check ☐☐☐

**問題11**
照明の効率は、間接照明より直接照明の方がよい。

# 解 説

**問題1　正しい**
**(参考)分電盤**は、負荷の中心に近く、保守及び点検の容易な位置に設ける。

**問題2　正しい**
**問題3　正しい**
**(参考)**一般に**高圧(6kV)又は特別高圧(10kV～70kV)**で行われる。

**問題4　誤り**
　電圧の種別は、低圧、高圧、特別高圧に区分され、**低圧**は、**交流**の場合、**600V以下**のものをいい、直流の場合、750V以下のものをいう。

| | 直 流 | 交 流 |
|---|---|---|
| **低　圧** | 750 V以下 | 600 V以下 |
| 高　圧 | 750 Vを超え7,000 V以下 | 600 Vを超え7,000 V以下 |
| 特別高圧 | 7,000 Vを超えるもの | |

**(参考)**電圧区分において、**7,000 Vを超える**ものを**特別高圧**という。

**問題5・6　正しい**
**問題7　誤り**
　ＰＢＸは、企業や組織内の内線電話の相互接続、および内線と外線の交換を行う装置、設備、あるいは交換台をいい、照明設備とは関係ない。

**問題8　正しい**
**問題9～11　正しい**

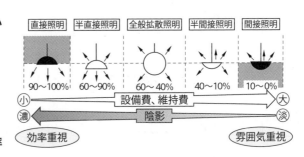

照明の効率

**Check** ☐☐☐

### 問題1
水系の消火設備には、屋内消火栓設備、泡消火設備、スプリンクラー設備などがある。

**Check** ☐☐☐

### 問題2
博物館の展示室に、ドレンチャー設備を設置した。

**Check** ☐☐☐

### 問題3
通信機器室に、不活性ガス消火設備を設置した。

**Check** ☐☐☐

### 問題4
屋内駐車場に、泡消火設備を設置した。

**Check** ☐☐☐

### 問題5
百貨店の売場に、スプリンクラー設備を設置した。

**Check** ☐☐☐

### 問題6
避難口の上部等に設ける避難口誘導灯は、避難口の位置の明示を主な目的とする避難設備である。

**Check** ☐☐☐

### 問題7
階段又は傾斜路に設ける通路誘導灯は、避難上必要な床面照度の確保と避難の方向の確認を主な目的とする避難設備である。

**Check** ☐☐☐

### 問題8
非常警報設備の非常ベルは、火災発生時に煙又は熱を感知し、自動的にベルが鳴る警報設備である。

**Check** ☐☐☐

### 問題9
非常用の照明装置は、火災時に停電した場合に自動的に点灯し、避難上必要な床面照度の確保を目的とする照明設備である。

# 解 説

**問題1　正しい**

**問題2　誤り**

　**ドレンチャー設備**は、建物外周部からの火災の場
合に、建物への延焼を防ぐため、軒先や開口部など
から水を出して建物全体を水幕で包む防火装置の一
種である。博物館の展示室などの室内には用いない。

ドレンチャーヘッド

窓壁用　　軒先用

**問題3　正しい**
**問題4　正しい**
**問題5　正しい**

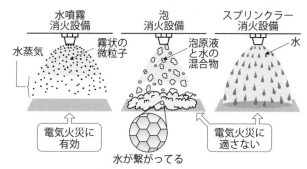

水噴霧消火設備　水蒸気　霧状の微粒子　電気火災に有効

泡消火設備　泡原液と水の混合物　水が繋がってる

スプリンクラー消火設備　水　電気火災に適さない

**問題6　正しい**

避難口誘導灯　　通路誘導灯（左：室内・廊下、右・階段）　　客席誘導灯

**問題7　正しい**

**問題8　誤り**

　非常警報設備の**非常ベル**は、火災などの非常事態を知らせるために鳴らすベル
のことである。感知器を用いて火災により発生する熱や煙を自動的に検知し、受
信機、音響装置（ベル）を鳴動させて建物内に報知することにより、避難と初期消
火活動を促す設備は、**自動火災報知設備**である。

**問題9　正しい**

# 2　その他

積算・測量・舗装に関する記述として、**適当**か、**不適当**か、判断しなさい。

## 〈積　　算〉

Check
□ □ □

### 問題1
　設計数量は、設計図書に表示されている個数や、設計寸法から求めた正味の数量をいう。

Check
□ □ □

### 問題2
　所要数量は、切りむだなどを含まない数量をいう。

Check
□ □ □

### 問題3
　材料歩掛りは、単位面積や単位容積当たりの施工に必要な材料の数量をいう。

## 〈測　　量〉

Check
□ □ □

### 問題4
　水準測量は、地表面の高低差を求める測量であり、距離測量は、巻尺、光波測距儀などの機器を用いて2点間の距離を求める測量である。

Check
□ □ □

### 問題5
　平板測量は、トランシットと標尺などを使用し、水平距離と高低差を同時に求め、標高と平面位置を算出する測量である。

Check
□ □ □

### 問題6
　トラバース測量は、施工区域内に測点を配置し、その測点間の角度と距離を測定して各点の位置を求める測量である。

## 〈舗　　装〉

Check
□ □ □

### 問題7
　路床は、地盤が軟弱な場合を除いて、現地盤の土をそのまま利用して締め固める。

Check
□ □ □

### 問題8
　アスファルト舗装の表層から路盤までの厚さは、路床の設計ＣＢＲ値が低いほど薄くできる。

Check
□ □ □

### 問題9
　クラッシャランは、路盤の材料として使用される。

# 解　説

## 問題1　正しい

**(参考)** 計画数量は、仮設や土工の数量など、施工計画に基づいて算出した数量をいう。

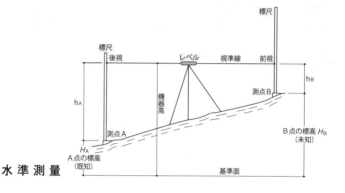

## 問題2　誤り

**所要数量**は、定尺寸法による切り無駄や、施工上やむを得ない損耗を**含んだ数量**をいい、鉄筋、鉄骨、木材等の数量がこれに該当する。

**設計数量と所要数量**

## 問題3　正しい
## 問題4　正しい

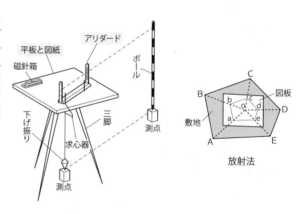

**水 準 測 量**

## 問題5　誤り

**平板測量**は、平板とアリダードを用いて測量と製図を現地で同時に行うもので、精度は他の測量より落ちるが、作業が簡便で早い。設問は、間接距離測量の一つで、**スタジア測量**である。

## 問題6　正しい
## 問題7　正しい

## 問題8　誤り

**設計CBR**は、舗装の合計厚さを設計するために利用する路床土のCBR(支持力比：土の強さの大小を判定する指標)であり、アスファルト舗装の表層から路盤までの厚さは、路床の設計CBR値が低いほど**厚く**しなければならない。

## 問題9　正しい

# 3

# 施工
## （躯体工事）

# ❸ 施工（躯体工事）

## 1 地盤調査

地盤調査に関する記述として、**適当**か、**不適当**か、判断しなさい。

Check ☐☐☐

**問題1**
　平板載荷試験は、地盤のN値を調べる試験である。

Check ☐☐☐

**問題2**
　平板載荷試験の位置は、地盤の支持特性を代表しうるような場所とする。

Check ☐☐☐

**問題3**
　スクリューウエイト貫入試験は、住宅などの小規模な建築物の支持力把握のための地盤調査に使用される。

Check ☐☐☐

**問題4**
　ボーリングとは、各種の試験や試料採取などのために地盤を削孔することをいう。

Check ☐☐☐

**問題5**
　ロータリー式ボーリングは、軟弱な粘性土には使用できない。

Check ☐☐☐

**問題6**
　削孔内に地下水が認められた場合、直ちに測定した水位を地下水位とする。

Check ☐☐☐

**問題7**
　N値やボーリングの採取試料の観察記録は、一般に、土質柱状図としてまとめる。

Check ☐☐☐

**問題8**
　サンプリングとは、地盤の土質試料を採取することをいう。

Check ☐☐☐

**問題9**
　粒度試験により土の粒度組成を数量化し、砂質土と粘性土に分類することができる。

3
施工（躯体工事）

# 解　説

**問題1　誤り、問題2　正しい**

　**平板載荷試験**は、直径30cmの円形の載荷板に載荷し、荷重と沈下量の関係から地耐力を求めるものである。載荷面より載荷幅の1.5〜2倍の深さまでの地盤を調べることができる。地盤のＮ値を調べることができるのは、**標準貫入試験**である。

**(参考)** 平板載荷試験は、地盤の変形や強さなどの特性を調べるために行う。

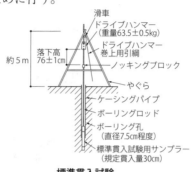

平板載荷試験

**問題3　正しい**
**問題4　正しい**

標準貫入試験

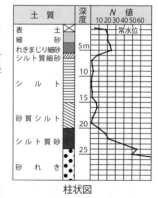

スクリューウエイト
貫入試験

**問題5　誤り**

　**ロータリー式ボーリング**は、土や岩のせん孔法の一つで、鉄管の先にせん孔錐を付け、動力で回転させ、同時に圧力水を錐先に送りながらせん孔する。**あらゆる地盤を掘削**することができるため、多用されている。

**(参考)** ボーリングにおいて孔内に泥水を使用する目的は、ビットの損耗や孔壁のくずれを防止するためである。

**問題6　誤り**

　削孔内に地下水が認められた場合は、常水面と削孔内の水位は一致しないことが多いので、**なるべく時間を置き**、水位が**安定した後**に**測定した水位**を**地下水位**とする。

柱状図

**問題7　正しい**
**問題8　正しい**
**問題9　正しい**
**(関連)**

● 土の**粒度**は、ふるい分析や沈降分析によって求める。

● 土の**粒径**は、**粘土＜シルト＜細砂**　となる。

# 2 仮設工事

## 2-1

仮設工事に関する記述として、**適当**か、**不適当**か、判断しなさい。

**Check** ☐☐☐

### 問題1
位置の基準点は、建築物の縦、横2方向の通り心を延長して設ける。

**Check** ☐☐☐

### 問題2
高さの基準点は、複数設置すると相互に誤差を生じるおそれがあるので、設置は1箇所とした。

**Check** ☐☐☐

### 問題3
高さや位置の基準点は、正確に設置し、工事中に移動のないようにその周囲を囲うなど養生を行う。

**Check** ☐☐☐

### 問題4
縄張りとは、工事の着工に先立ち、隣地や道路との境界測量を行い、縄などで敷地境界を表示する作業である。

**Check** ☐☐☐

### 問題5
やり方とは、建築物の高低、位置、方向、通り心の基準を明示する仮設物である。

**Check** ☐☐☐

### 問題6
やり方の水杭や水貫は、動かないように筋かいで固定した。

**Check** ☐☐☐

### 問題7
建物隅部のやり方は、平やり方とした。

**Check** ☐☐☐

### 問題8
やり方において、かんな掛けした水貫は、上端を基準に合わせて水平に取り付ける。

**Check** ☐☐☐

### 問題9
墨出しとは、工事に必要な寸法の基準となる位置や高さなどを、所定の場所に表示する作業である。

**Check** ☐☐☐

### 問題10
墨出し作業において、高さ位置関係を示すために地墨を出す。

# 解 説

**問題1　正しい**
**問題2　誤り**
　ベンチマークは、建物の高さ及び位置の基準となるもので、敷地付近の移動のおそれのない箇所に**2箇所以上設置**し、互いにチェックを行うとともに、工事中も設置に利用した基準点からのチェックを行い十分に養生する。

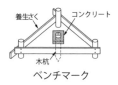

ベンチマーク

**問題3　正しい**
**問題4　誤り**
　**縄張り**とは、**建築物**等の**位置**を決定するため、建築物の形の通りに縄やスズランテープ等を張る、あるいは消石灰等で線を引くことをいい、建築物の位置と敷地との関係、道路や隣接物との関係等について、縄張りを行って確認する。

地縄張り・水盛り

**問題5・6　　正しい**
**(関連)** やり方の**水杭**は、根切りや基礎工事に支障がない位置に打ち込む。

**問題7　誤り**
　建物隅部に用いられるやり方は、**隅やり方**であり、建物の**中間部**に用いられるのが、**平やり方**である。

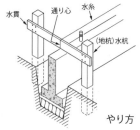

やり方

**問題8・9　正しい**
**問題10　誤り**
　**墨出し**は、各階の通り心と高さの基準となるレベルを示す基準墨を**ベンチマーク**から引き出すことから始まるが、**地墨**は、建築工事を進めていく中で、床などの水平面にじかに付ける墨で、返り墨、逃げ墨等があり、高さ位置関係を示すためのものには、陸墨(水平墨)を用いる。
**(関連)** **心出し**とは、各部位の中心線を出して心墨を表示する作業である。

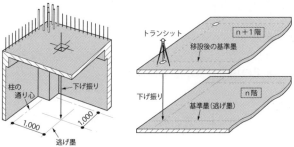

仮設工事（通路・足場）に関する記述として、**適当**か、**不適当**か、判断しなさい。

Check ☐☐☐

**問題1**
　単管足場の脚部は、敷角の上に直接単管パイプを乗せて根がらみを設けた。

Check ☐☐☐

**問題2**
　単管足場の建地間隔を、けた行き方向1.85m以下、はり間方向1.5m以下とした。

Check ☐☐☐

**問題3**
　高さ5m以上の枠組足場の壁つなぎの水平方向の間隔は、10m以下とする。

Check ☐☐☐

**問題4**
　枠組足場の最上層及び6層ごとに布枠等の水平材を設けた。

Check ☐☐☐

**問題5**
　枠組足場に使用する作業床の幅は、40cm以上とした。

Check ☐☐☐

**問題6**
　高さ8m以上の登り桟橋には、高さ7m以内ごとに踊場を設ける。

Check ☐☐☐

**問題7**
　脚輪を取り付けた移動式足場は、脚輪を歯止めで固定した。

Check ☐☐☐

**問題8**
　登り桟橋の勾配は30度とし、踏さんを設けた。

Check ☐☐☐

**問題9**
　つり足場上で、はしごを使用してはならない。

Check ☐☐☐

**問題10**
　折りたたみ式の脚立は、脚と水平面との角度を75度以下とし、開き止めの金具等で止める。

Check ☐☐☐

**問題11**
　止むを得ず架空電路に近接して足場を設けるので、架空電路に絶縁用防護具を装着する措置を講じた。

# 解 説

**問題1　誤り**

　足場の脚部には、足場の滑動又は沈下を防止するため、**ベース金具**を用い、か
つ、**敷板、敷角等を用い、**根がらみを設ける等の措置を講ずる。

**問題2　正しい**

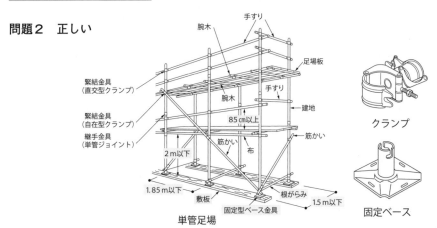

単管足場

クランプ

固定ベース

**問題3　誤り**

　5m以上の枠組足場の壁つなぎの**水平方向**の間隔は**8m以下**、**垂直方向**の間隔
は**9m以下**とする。

**問題4　誤り**

　わく組足場にあっては、**最上層**及び**5層以内**ごとに水平材を設ける。

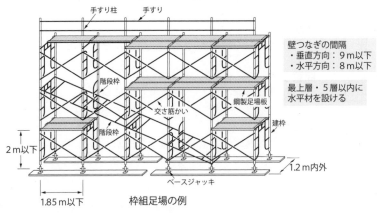

壁つなぎの間隔
・垂直方向：9m以下
・水平方向：8m以下

最上層・5層以内に
水平材を設ける

枠組足場の例

**問題5〜11　正しい**

# 3 土工事

**3-1** 　根切り工事及び排水工法に関する記述として、**適当**か、**不適当**か、判断しなさい。

Check ☐☐☐

## 問題1
連続基礎の場合に、帯状に掘ることをつぼ掘りという。

Check ☐☐☐

## 問題2
布掘りの場合、一般に法尻と基礎との間隔は300～600mm程度を見込む。

Check ☐☐☐

## 問題3
地下室等がある場合に、建物全面を掘ることを総掘りという。

Check ☐☐☐

## 問題4
地下外周部に外型枠が必要な場合、一般に山留め壁と躯体との間隔は1m程度を見込む。

Check ☐☐☐

## 問題5
床付け面を乱したが、粘性土であったので転圧により締め固めた。

Check ☐☐☐

## 問題6
暗渠工法は、地中に砂利を充填した排水路を設けることにより、地下水を集めて排水する工法である。

Check ☐☐☐

## 問題7
釜場工法は、根切り部へ入ってきた水を、根切り底面より低い集水場所からポンプで排水する工法である。

Check ☐☐☐

## 問題8
ウェルポイント工法は、ろ過網を持ったパイプを地中に打ち込んで地下水を強制的に吸い上げる工法である。

Check ☐☐☐

## 問題9
砂質地盤の法面から地下水が浸出することが予測されたので、ウェルポイントを設けて地下水位を低下させた。

Check ☐☐☐

## 問題10
ディープウェル工法とは、小さなウェルを多数設置し真空吸引して揚排水する工法である。

# 解 説

**問題1** 誤り

**つぼ掘り**とは、独立基礎の根切りの際に、柱の下部分を基礎の形状に合わせて方形に掘削することで、連続基礎の場合に帯状に掘ることは、**布掘り**という。

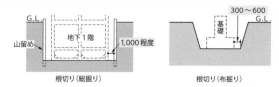

**問題2** 正しい
**問題3** 正しい
**問題4** 正しい

根切り（総掘り）　　　　　根切り（布掘り）

**問題5** 誤り

床付け面を乱してしまった場合は、**礫・砂質土**であれば転圧により締固めを行う。**粘性土**の場合は、礫・砂質土等の良質土に**置換**するほかセメント・石灰等による**地盤改良**を行う。

**(参考)** 床付け地盤が**凍結**した場合、**良質土**と**置き換える**必要がある。

**問題6** 正しい
**問題7** 正しい
**問題8** 正しい
**問題9** 正しい

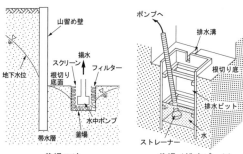

釜場工法　　　　　釜場（排水ピット）

**問題10** 誤り

**ディープウェル工法**は、井戸掘削機械により直径400～1000mm程度の孔を掘削し、この孔にスクリーンを有する井戸管を挿入し、孔壁と井戸管とのすき間部にフィルター材を投入して施工した井戸に、高揚程のポンプを設置したものである。この設問は、**ウェルポイント工法**である。

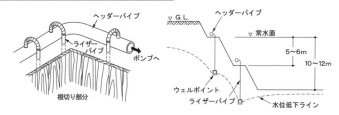

根切り部分

埋戻しに関する記述として、**適当**か、**不適当**か、判断しなさい。

**Check**

**問題1**
　埋戻しは、地下躯体コンクリートの強度発現状況を考慮して行った。

**Check**

**問題2**
　埋戻し部分にある木製型枠材や木片は、取り除く。

**Check**

**問題3**
　埋戻しに砂を用いる場合は、粒子の径が均一なものが最も適している。

**Check**

**問題4**
　透水性のよい山砂を用いる場合は、締固めは水締めとする。

**Check**

**問題5**
　透水性の悪い山砂を用いる場合は、厚さ30cm程度ごとにローラー、ランマーなどで締め固める。

**Check**

**問題6**
　埋戻しに粘性土を用いる場合は、水締めにより締め固める。

**Check**

**問題7**
　埋戻し土は、最適含水比に近い状態で締め固めた。

**Check**

**問題8**
　埋戻しには、土質に応じた沈みしろを見込んで余盛りを行う。

**Check**

**問題9**
　埋戻しに砂質土を用いて水締めを行う場合は、粘性土を用いて締固めを行う場合より余盛り量は少なくてよい。

**Check**

**問題10**
　土間下の埋戻しにおいて、基礎梁や柱などの周囲や隅角部は、タンパーなどの小型機械を用いて十分締固めを行う。

**Check**

**問題11**
　山留め壁と地下躯体との間の深い根切りの埋戻しは、砂質土と粘性土を交互に組み合わせて締め固める。

# 解 説

問題1　正しい

問題2　正しい

**(参考)** ●埋戻し部分にある**ラス型枠材**は、撤去の必要はない。

　　　 ●埋戻し土は、必要に応じて粒度試験等を実施する。

問題3　誤り

　埋戻しに砂を用いる場合は、粒子の径が均一な海砂等よりも砂に適度の礫やシルトが混入されている山砂の方が大きい締固め密度が得られる。

問題4　正しい

問題5　正しい

問題6　誤り

　埋戻し及び盛土の締固めは、川砂及び透水性のよい山砂の類の場合は水締めとし、透水性の悪い山砂の類及び粘土質の場合は、まき出し厚さ約300mm程度ごとにローラー、ランマー等で締め固めながら埋め戻す。

**(参考)** ●埋戻しの材料に**建設発生土**を用いる場合は、**良質土**とし、転圧、突固めなどを行う。

　　　 ●重量のある**ロードローラー**等 ⇨ **静的**な締固め

問題7　正しい

**(参考)** 埋戻しに**凍結土**を使用してはならない。

問題8　正しい

問題9　正しい

問題10　正しい

問題11　誤り

　山留め壁と地下躯体との間の深い根切りの埋戻しは、水締めによる締固めしかできないことが多い。したがって、埋戻し土は水締め効果が高い**砂質土**とし、砂の投入箇所をできるだけ多くして、均一な埋戻しが行えるようにする。

# 4 山留め工事

山留め工事に関する記述として、**適当**か、**不適当**か、判断しなさい。

## 問題1
Check
法付けオープンカットにおいて、法面保護のため、法肩近くと法尻には側溝を設ける。

## 問題2
Check
親杭横矢板工法は、法付けオープンカット工法に比べ、掘削土量や埋戻し土量が多い。

## 問題3
Check
親杭横矢板工法は、著しく軟弱な粘土又はシルトなどの地盤に適している。

## 問題4
Check
親杭横矢板工法において、横矢板背面の地山を削り取る深さは、矢板の厚みに埋戻しができる余掘り厚を加えた程度までとする。

## 問題5
Check
鋼矢板工法は、軟弱地盤や地下水位の高い地盤に用いられる。

## 問題6
Check
場所打ち鉄筋コンクリート山留め壁工法は、軟弱地盤や深い掘削に適している。

## 問題7
Check
ソイルセメント柱列山留め壁は、地下水位の高い地盤には適していない。

## 問題8
Check
地盤アンカー工法は、定着層が軟弱な地盤には適していない。

## 問題9
Check
水平切梁工法において、切梁の継手は、できる限り切梁の交差部から離して設ける。

## 問題10
Check
アイランド工法は、根切りする部分が広く浅い場合に適している。

# 解 説

## 問題1　正しい

(参考) 法付けオープンカット工法は、山留め支保工が不要であり、地下躯体施工の作業性がよい。

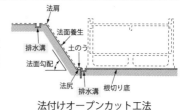

法付けオープンカット工法

## 問題2　誤り

**親杭横矢板工法**は、止水性がないが、法尻から斜めに周辺敷地に法を付けて広げる**法付けオープンカット工法**に比べ、掘削土量や埋戻し土量が少ない。

## 問題3　誤り

親杭横矢板工法は、土圧が大きくなる著しく軟弱な粘土又は地下水位の高い細砂層やシルト層のように、根切りしてから横矢板を入れるまでの間に崩れてしまうような地盤での適用はできない。

## 問題4～6　正しい

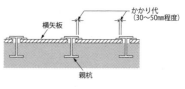

山留め（親杭横矢板工法）

## 問題7　誤り

**ソイルセメント柱列山留め壁**は、原地盤の土とセメントミルクを攪拌・混練し造成後、この中にH形鋼、I形鋼等を挿入して、柱列状の山留め壁とするもので、振動・騒音が少なく、壁の剛性及び止水性が大きく、軟弱地盤や地下水位の高い地盤には適している。

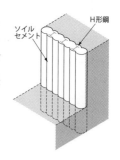

## 問題8　正しい

(参考) **地盤アンカー工法**は、偏土圧となる傾斜地の山留め工事に有効である。

## 問題9　誤り

切梁の継手は、できる限り切梁の交差部近くに設ける。

(参考) **切梁工法**は、側圧を山留め支保工でバランスさせる必要があり、掘削平面が整形な場合に適している。

## 問題10　正しい

(参考) **アイランド工法**は、水平切梁工法に比べ、切梁の長さを短くできる。

# 5 基礎・地業工事

## 5-1

地業工事等に関する記述として、**適当**か、**不適当**か、判断しなさい。

**Check**
**問題 1**
　砂地業に、泥やごみを含まない、粒度分布のよい砂を使用した。

**Check**
**問題 2**
　砂地業に用いる砂は、締固めが困難にならないように、シルトなどの泥分が多量に混入した砂を避ける。

**Check**
**問題 3**
　砂利地業に、砕砂と砕石の混合した、切込砕石を使用した。

**Check**
**問題 4**
　砂利地業に使用する砂利は、粒径のそろったものを用いる。

**Check**
**問題 5**
　砂利地業では、締固め後の地業の表面が所定の高さになるよう、あらかじめ沈下量を見込んでおく。

**Check**
**問題 6**
　土間コンクリートに設ける防湿層のポリエチレンフィルムは、砂利地業の直下に敷き込んだ。

**Check**
**問題 7**
　捨てコンクリート地業は、掘削底面の安定化や、基礎スラブ、基礎梁のコンクリートの流出あるいは脱水を防ぐために粗雑にならないように施工する。

**Check**
**問題 8**
　床付け地盤が堅固で良質な場合には、地盤上に捨てコンクリートを直接打設することができる。

**Check**
**問題 9**
　バイブロフローテーション工法は、深層地盤の改良工法の一種である。

**Check**
**問題10**
　置換工法は、深層地盤の改良工法の一種である。

# 解　説

## 問題1～3　正しい

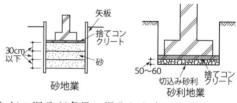

砂地業

切込み砂利
砂利地業

**（参考）**
　砂地業に用いる砂は、締固め
が困難にならないように、シルトなどの泥分が多量に混入したものを避ける。

## 問題4　誤り

　**砂利地業**に用いる砂利は、比較的薄い層厚にまき出して締固めを行うため、あまり大きくないものがよく、その最大粒径は45mm程度で、<u>粒径のそろった砂利よりも砂混じりの**切込砂利**（岩石・玉石をクラッシャで割り放したままの砕石）がよい。</u>

## 問題5　正しい

**（参考）**砂利地業における締固めは、床付地盤を破壊しないよう注意して行う。

## 問題6　誤り

　土間コンクリートに設ける防湿層の位置は、**土間スラブ**（土間コンクリートを含む）の<u>直下</u>とする。ただし、断熱材がある場合は、断熱材の直下とする。

## 問題7～9
　正しい

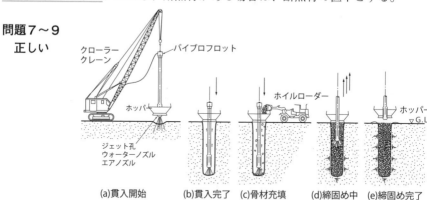

(a)貫入開始　　(b)貫入完了　　(c)骨材充填　　(d)締固め中　　(e)締固め完了

バイブロフローテーション工法の施工順序

**（参考）**ドレン脱水工法、サンドコンパクションパイル工法は、深層地盤の改良工法の一種である。

## 問題10　誤り

　**置換工法**は、軟弱層の一部分、あるいは全部分を掘削等の方法で排除し、良質な材料に置き換える工法で、地盤の安定性を増し、圧密沈下量・圧密時間の減少に効果がある。**浅層地盤の改良工法**の一種である。

**5-2**　杭工事に関する記述として、**適当**か、**不適当**か、判断しなさい。

Check ☐☐☐

**問題1**
　打撃工法は、杭の頭部に荷重を落下させて杭を打ち込む工法である。

Check ☐☐☐

**問題2**
　プレボーリング根固め工法は、あらかじめ掘削した孔に杭を挿入後、根固め液を注入する工法である。

Check ☐☐☐

**問題3**
　セメントミルク工法は、掘削中に孔壁の崩壊を防止するために安定液を用いる。

Check ☐☐☐

**問題4**
　セメントミルク工法において、アースオーガーヘッドは、杭径よりやや小さいものを使用する。

Check ☐☐☐

**問題5**
　中掘り工法は、比較的大きな径の杭の施工に適している。

Check ☐☐☐

**問題6**
　回転根固め工法は、杭の先端に特殊金物を付けて、これを回転させて杭を圧入した後、根固め液を注入する工法である。

Check ☐☐☐

**問題7**
　既製コンクリート杭における継手の方法は、溶接継手のほか、接続金具を用いた方式がある。

Check ☐☐☐

**問題8**
　杭頭が所定の高さより低い場合は、基礎の位置を下げるなどの処置について工事監理者と協議する。

Check ☐☐☐

**問題9**
　場所打ちコンクリート杭の杭頭の余盛りは、杭の長さが不足した場合に行う。

Check ☐☐☐

**問題10**
　アースドリル工法において、孔底にスライムを十分沈降させた後、直ちに鉄筋かごを設置してコンクリートの打込みを行う。

# 解 説

問題1　正しい

問題2　誤り

　**プレボーリング根固め工法**(セメントミルク工法)は、掘削液を注入しながら所定深度まで掘削した後、根固め液を掘削先端部へ注入する。その後、オーガーを引き上げながら杭周固定液を注入し、杭をこの掘削孔に建て込み、圧入または軽打により根固め液中に定着するもので、杭を挿入後、根固め液を注入するものではない。

問題3　正しい

問題4　誤り

　セメントミルク工法は、埋込み工法であり、**アースオーガーヘッド**は、杭径より100mm程度**大きな**ものを使用する。

問題5　正しい
問題6　正しい
問題7　正しい
問題8　正しい

**(参考)**プレストレストコンクリート杭の頭部を切断した場合、補強を行う必要がある。

問題9　誤り

　場所打ちコンクリート杭の杭頭の**余盛り**は、レイタンス及び泥水やスライム等に接触しているために、セメント分の流失や土粒子の混入等により強度が低くなっているので、基礎下端より50〜100cm程度高く打設したものである。杭の長さ不足のためではない。

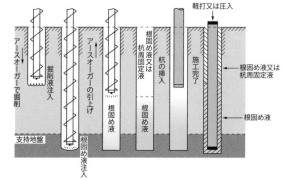

セメントミルク(プレボーリング)工法

中掘り工法　　　スクリューオーガー

コンクリートの余盛

問題10　誤り

　孔底にスライムを十分沈降させた後、鉄筋かご建込み前に**1次スライム処理**、コンクリート打込みの前に**2次スライム処理**を行う。

74

# 6　鉄筋工事

**6-1**　鉄筋工事（加工及び組立て等）に関する記述として、**適当**か、**不適当**か、判断しなさい。

**Check** ☐☐☐
### 問題1
鉄筋の切断は、シヤーカッターによって行った。

**Check** ☐☐☐
### 問題2
D41など径の大きな鉄筋の曲げ加工は、熱間加工とした。

**Check** ☐☐☐
### 問題3
鉄筋の加工は、鉄筋加工図に示される外側寸法に従って加工する。

**Check** ☐☐☐
### 問題4
鉄筋の種類と径が同じ帯筋とあばら筋は、折曲げ内法直径の最小値は同じである。

**Check** ☐☐☐
### 問題5
フックの余長は、折り曲げ角度が大きいほど短くてよい。

**Check** ☐☐☐
### 問題6
基礎梁を除く梁の出隅部分に位置する主筋の末端部には、異形鉄筋であってもフックを設ける。

**Check** ☐☐☐
### 問題7
鉄筋相互の・・あきの最小寸法は、鉄筋の強度によって決まる。

**Check** ☐☐☐
### 問題8
スラブ筋が複配筋の場合、原則として長辺方向の鉄筋は短辺方向の鉄筋の外側に配置する。

**Check** ☐☐☐
### 問題9
帯筋の四隅は、鉄筋相互の交点の全数を結束する。

**Check** ☐☐☐
### 問題10
柱や梁の鉄筋の組立ては、点付け溶接で行った。

**Check** ☐☐☐
### 問題11
結束線の端部は、コンクリート表面に突出しないように折り曲げた。

# 解　説

問題1　正しい

問題2　誤り

　鉄筋は熱処理を行うと、鋼材としての性質が変わるので、加工場での曲げ加工は**冷間加工**としなければならない。

**折曲げ機（バーベンダー）**

問題3　正しい

**(参考)鉄筋相互のあきの最小寸法**は、粗骨材の最大寸法の1.25倍以上、25mm及び隣り合う鉄筋の平均径（呼び名の数値）の1.5倍のうち最大のもの以上とする。鉄筋の強度によって決めるものではない。

問題4　正しい

問題5　正しい

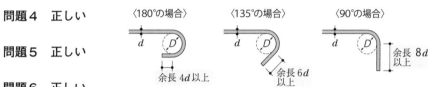

〈180°の場合〉　余長 4d以上

〈135°の場合〉　余長 6d以上

〈90°の場合〉　余長 8d以上

問題6　正しい

**(参考)**柱の**スパイラル筋**の末端部には、**フック**を設ける。

問題7　誤り

　鉄筋相互のあきの最小寸法は、粗骨材の最大寸法の1.25倍以上、25mm及び隣り合う鉄筋の平均径（呼び名の数値）の1.5倍のうち最大のもの以上とする。鉄筋の強度によって決めるものではない。

問題8　誤り

　スラブ筋が複配筋の場合、原則として長辺方向の鉄筋は短辺方向の鉄筋の**内側**に**配置**する。短辺方向の鉄筋は主筋、長辺方向の鉄筋は配力筋であり、スラブは十分な厚さが取れないので、主筋が配力筋の外側に配筋される。

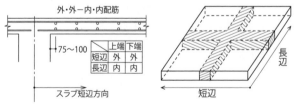

外・外ー内・内配筋

| | 上端 | 下端 |
|---|---|---|
| 短辺 | 外 | 外 |
| 長辺 | 内 | 内 |

75～100

スラブ短辺方向

長辺

短辺

問題9　正しい

問題10　誤り

　鉄筋の組立ては、**結束線**などで結束し、点付け溶接としてはならない。

**(参考)**太径鉄筋の結束には、結束線を2本束ねて用いた。→ 正しい

問題11　正しい

**6-2**　鉄筋工事（継手・定着）に関する記述として、**適当**か、**不適当**か、判断しなさい。

施工（躯体工事）

**Check** ☐☐☐

**問題1**
　鉄筋の継手の位置は、原則として引張応力の小さいところに設ける。

**Check** ☐☐☐

**問題2**
　D35以上の異形鉄筋には、原則として、重ね継手を用いない。

**Check** ☐☐☐

**問題3**
　柱主筋の重ね継手が隣り合う場合は、継手位置をずらして設ける。

**Check** ☐☐☐

**問題4**
　梁筋の重ね継手の長さは、一般に下端筋より上端筋の方を長くする。

**Check** ☐☐☐

**問題5**
　フック付き重ね継手の長さは、フックの折曲げ角度に応じて異なる。

**Check** ☐☐☐

**問題6**
　鉄筋の定着の長さは、フックを含めない長さをいう。

**Check** ☐☐☐

**問題7**
　鉄筋の定着長さ及び重ね継手の長さは、コンクリート強度によって異なる。

**Check** ☐☐☐

**問題8**
　ガス圧接において、径の異なる鉄筋の圧接部のふくらみの直径の算定には、細い方の鉄筋径を用いる。

**Check** ☐☐☐

**問題9**
　ガス圧接する鉄筋の圧接端面は、ガス切断を行ってはならない。

**Check** ☐☐☐

**問題10**
　ガス圧接する鉄筋の圧接端面のグラインダー掛けは、原則として、圧接作業の当日に行う。

**Check** ☐☐☐

**問題11**
　ガス圧接後の検査で不合格となった圧接箇所は、すべて切り取って再圧接しなければならない。

# 解 説

問題1　正しい

問題2　正しい

問題3　正しい

問題4　誤り

　梁筋の重ね継手の長さは、<u>コンクリートの設計基準強度と鉄筋の種類で決まる</u>もので、下端筋・上端筋により<u>**変わるものではない**</u>。なお、重ね継手は鉄筋応力の小さい箇所に設けることを原則としている。

**(参考)**径の異なる鉄筋の重ね継手の長さは、**細い方の鉄筋の径**によって算出する。

問題5　誤り

　**フック付きの重ね継手**は、90°、135°、180°の３種類あるが、その継手長さは鉄筋の折曲げ起点間の直線の長さであり、<u>フックの角度によって異なることはない</u>。

問題6　正しい

問題7　正しい

問題8　正しい

問題9　正しい

**(参考)**ガス圧接する鉄筋の圧接端面は、軸線にできるだけ直角、かつ、平滑になるように切断・加工する。

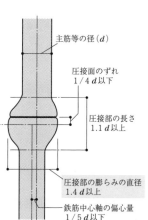

主筋等の径（$d$）

圧接面のずれ
1/4 $d$以下

圧接部の長さ
1.1 $d$以上

圧接部の膨らみの直径
1.4 $d$以上

鉄筋中心軸の偏心量
1/5 $d$以下

問題10　正しい

問題11　誤り

　外観検査で不合格となった場合でも、鉄筋中心軸の偏心量が規定値を超えた場合、つば形などの形状が著しく不良なもの、圧接部に有害と認められる欠陥を生じた場合及び圧接面のずれが規定値を超えた場合は、再圧接しなければならないが、ふくらみの直径又は長さが規定値に満たない場合、明らかな折れ曲がりを生じた場合は、再加熱して修正してよい。

| 偏心量 形状不良 圧接面のずれ | 切り取り ⇩ 再圧接 |
| :---: | :---: |
| 直径・長さの不足 曲がり | **再加熱** |

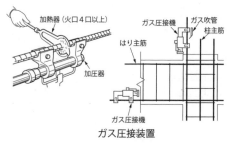

加熱器（火口４口以上）

ガス圧接機　ガス吹管

はり主筋　柱主筋

加圧器

ガス圧接機

ガス圧接装置

鉄筋工事（かぶり厚さ）に関する記述として、**適当**か、**不適当**か、判断しなさい。

Check
☐☐☐

**問題1**
　外壁の目地部分のかぶり厚さは、目地底から鉄筋の表面までの距離とする。

Check
☐☐☐

**問題2**
　柱の鉄筋の最小かぶり厚さは、柱主筋の表面からの距離とする。

Check
☐☐☐

**問題3**
　ひび割れ補強筋についても、所定のかぶり厚さを確保する。

Check
☐☐☐

**問題4**
　ひび割れ補強筋のかぶり厚さが過大になると、ひび割れ対策の効果が小さくなる。

Check
☐☐☐

**問題5**
　かぶり厚さを確保するため、コンクリート打込み時の型枠や鉄筋の移動を少なくする。

Check
☐☐☐

**問題6**
　杭基礎におけるベース筋のかぶり厚さは、杭頭からの距離とする。

Check
☐☐☐

**問題7**
　仕上げがある場合とない場合の屋内の耐力壁の最小かぶり厚さの規定値は、同じである。

Check
☐☐☐

**問題8**
　土に接する部分では、柱と耐圧スラブの最小かぶり厚さの規定値は、同じである。

Check
☐☐☐

**問題9**
　土に接するスラブのかぶり厚さには、捨コンクリートの厚さを含まない。

# 解　説

問題1　正しい

問題2　誤り
　柱の鉄筋の**最小かぶり厚さ**は、コンクリート表面から**帯筋**外側までの距離とする。梁の場合は、コンクリート表面から**あばら筋**外側までの距離とする。

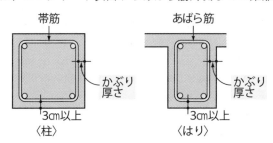

問題3　正しい
問題4　正しい
問題5　正しい
問題6　正しい
問題7　正しい

問題8　誤り、**問題9　正しい**
　土に接する部分では、**柱・梁・スラブ・壁**の最小かぶり厚さは**40 mm**とし、基礎と**耐圧スラブ・擁壁**の最小かぶり厚さの規定値は、**60 mm**である。

| <div align="center">かぶり厚さ　（建築基準法）</div> | （単位：mm） |
|---|---|
| 部　　位 | かぶり厚さ |
| 耐力壁以外の壁・床（非耐力壁・床スラブ） | 20 mm |
| 耐力壁・柱・はり | 30 mm |
| 直接土に接する壁・**柱**・床・はり・布基礎の立上り部分 | **40 mm** |
| **基礎**（布基礎の立上り部分を除く）の捨コンクリートの部分を除いた部分 | 60 mm |

●屋内では耐力壁と非耐力壁のかぶり厚さは、異なる。
●直接土に接する梁と布基礎の立上り部のかぶり厚さは、同じである。

# 7 型枠工事

型枠工事に関する記述として、**適当**か、**不適当**か、判断しなさい。

Check ☐☐☐

**問題1**
　せき板は、支障のない限り再使用することができる。

Check ☐☐☐

**問題2**
　相対する型枠の間隔を一定に保持するために、セパレーターを用いた。

Check ☐☐☐

**問題3**
　柱型枠の足元は、型枠の垂直精度の保持などのため、桟木で根巻きした。

Check ☐☐☐

**問題4**
　柱型枠には、清掃及び検査ができるように掃除口を設けた。

Check ☐☐☐

**問題5**
　柱型枠の建入れ調整は、梁、壁及び床の型枠を組み立てた後に行った。

Check ☐☐☐

**問題6**
　床型枠は、サポート、大引き及び根太を配置した後に合板を敷き込んだ。

Check ☐☐☐

**問題7**
　横に長い開口部の下の型枠には、コンクリートのまわりを確認するための穴を設ける。

Check ☐☐☐

**問題8**
　パイプサポートを支柱として用いる場合、3本以上継いで用いない。

Check ☐☐☐

**問題9**
　コンクリートの材齢により定める場合の壁のせき板の最小存置期間は、普通ポルトランドセメントを用いる場合、平均気温20℃以上のとき、2日である。

# 解　説

問題1　正しい

問題2　正しい

**(参考)** コンクリート面に直接塗装等の仕上げを行う場合は、**コーン付き**セパレーターを使用する。

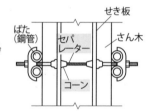

問題3・4　正しい

問題5　誤り

　柱型枠の建入れ調整は、梁、壁及び床の型枠を**組み立てる前**に行わなければならない。柱を建て込み、セパレーター、フォームタイを取り付け、縦端太・横端太を取り付けた段階で建入れ調整を行う。

問題6　正しい

**(関連)** ●**上下階の支柱**は、できるだけ平面上の**同一位置**に立てる。

　　　　　●地盤上に直接支柱を立てる場合には、支柱の下に剛性のある**敷板**を敷いて沈下を防ぐ。

問題7・8　正しい

**(参考)** パイプサポートと補助サポートの継手は、**差込み継手**とする。

問題9　誤り

　コンクリートの材齢により定める場合の基礎、梁側、柱及び壁のせき板の**最小存置期間**は、普通ポルトランドセメント及び混合セメントA種を用いる場合、平均気温 20℃以上のときで**4日**である。

| | 建築物の部分 | 存置日数（日）平均気温 | | コンクリートの圧縮強度 |
|---|---|---|---|---|
| | | 20℃以上 | 10℃以上 20℃未満 | |
| せき板 | 基礎・はり側・**柱・壁** | 4 | 6 | **5 N／㎟**（長期・超長期は 10 N／㎟） |
| | 版下・はり下 | 支保工取り外し後 | | 設計基準強度の **100%** |
| 支柱（支保工） | **版下・はり下** | 圧縮強度が **12 N／㎟**以上かつ計算により安全確認した場合 | | |

**(参考)** コンクリートの材齢によるせき板の**最小存置期間**は、

　　　　●スラブ下と梁下は、同じ。

　　　　●柱のせき板は、コンクリートの圧縮強度が 5 N／mm$^2$ 以上になれば取り外すことができる。

　　　　●基礎、梁側、柱、壁はすべて同じである。

# 8　コンクリート工事

## 8-1

コンクリート工事（コンクリートの調合）に関する記述として、**適当**か、**不適当**か、判断しなさい。

Check ☐☐☐

**問題1**
　耐久性を確保するためには、水セメント比は小さくするのがよい。

Check ☐☐☐

**問題2**
　単位水量の大きいコンクリートは、耐久性上好ましくない。

Check ☐☐☐

**問題3**
　単位セメント量の最小値は、コンクリートの種類にかかわらずすべて同じである。

Check ☐☐☐

**問題4**
　空気量が多くなると、圧縮強度の低下や乾燥収縮率の増加をもたらす。

Check ☐☐☐

**問題5**
　単位セメント量が少ないほど、ワーカビリティーがよくなる。

Check ☐☐☐

**問題6**
　細骨材率が大きすぎると、流動性の悪いコンクリートとなる。

Check ☐☐☐

**問題7**
　細骨材の粗粒率が大きい場合には、細骨材率を小さくする。

Check ☐☐☐

**問題8**
　乾燥収縮によるひび割れを少なくするためには、細骨材率は大きくするのがよい。

Check ☐☐☐

**問題9**
　コンクリートに含まれる塩化物量(塩化物イオン換算)は、原則として0.30kg/m³以下とする。

Check ☐☐☐

**問題10**
　ＡＥ剤を使うと、ワーカビリティーが改善される。

# 解　説

**問題1** 正しい

**問題2** 正しい

(関連)**単位水量**は、所要の**ワーカビリティー**が得られる範囲内でできるだけ**小さくする**。

**問題3** 誤り

　**単位セメント量の最小値**は、コンクリートの種類によって異なる。一般仕様のコンクリート：270 kg/㎥、軽量コンクリート：320 kg/㎥（設計基準強度が27N/㎟以下の場合）、水中コンクリート：330kg/㎥（場所打ちコンクリート杭の場合）等である。

**問題4** 正しい

(関連)コンクリート中の**連行空気**は、**凍結融解作用**に対する**抵抗性**を**向上**させる。

**問題5** 誤り

　**単位セメント量**は、水和熱や乾燥収縮によるひび割れに影響するので少ない方が望ましい。しかし、単位セメント量が過小であると、セメントペースト分が少なくなるので、**ワーカビリティーが悪く**なり、型枠内の充てん性が低下する。

**問題6** 正しい

(参考)スランプの大きいコンクリートでは、細骨材率が小さ過ぎると分離しやすくなる。

$$細骨材率 = \frac{B（細骨材量）}{A + B（骨材量）} \times 100（\%）$$

**問題7** 誤り

　粗粒率は、骨材を標準ふるいでふるい分け、各ふるいに止まる試料の重量百分率の和を100で割った値である。粗粒率が大きいということは粗い骨材が多いことなので、**細骨材率を大きくして砂の量を増やす**。

**問題8** 誤り

　**細骨材率を大きく**すると、単位セメント量及び単位水量を大きくする必要があり、流動性の悪いコンクリートとなり、乾燥収縮による**ひび割れを増大**させる。

**問題9** 正しい

**問題10** 正しい

コンクリート工事(打込み・締固め)に関する記述として、**適当**か、**不適当**か、判断しなさい。

Check ☐☐☐

**問題1**
コールドジョイントを発生させないよう、連続して打ち込む。

Check ☐☐☐

**問題2**
コンクリートは、型枠の中で横流しをしたり移動させることがないよう打ち込む。

Check ☐☐☐

**問題3**
コンクリートポンプの輸送管は、鉄筋や型枠に固定して振動を少なくする。

Check ☐☐☐

**問題4**
柱への打込みは、一度スラブ型枠又は梁型枠で受けて打ち込んだ。

Check ☐☐☐

**問題5**
スラブの付いたせいの高い梁への打込みは、梁とスラブを一緒に打ち込んだ。

Check ☐☐☐

**問題6**
壁への打込みは、打込み高さが均等になるように、まわし打ちを行った。

Check ☐☐☐

**問題7**
コンクリートの打継ぎは、梁やスラブの場合、部材のせん断応力の小さい中央付近に設けた。

Check ☐☐☐

**問題8**
コンクリート内部振動機(棒形振動機)による加振は、コンクリート上面にペーストが浮くまでとした。

Check ☐☐☐

**問題9**
コンクリートの練混ぜから打込み終了までの時間の限度は、外気温が25℃以上で90分とする。

Check ☐☐☐

**問題10**
スラブに打ち込んだコンクリートは、凝結が終了したのちタンピングを行う。

# 解 説

**問題1・2　正しい**

**問題3**　誤り

　輸送管は、圧送中に前後左右に動くので、鉄筋や型枠に輸送管がじかに**接して
いる**と、配筋の**乱れ**、型枠の**変形**等の原因となる。輸送管の保持には、支持台や
脚立、吊金具等を使用し、型枠、鉄筋、既に打設されたコンクリートに影響を与
えないようにする。

**(関連)**輸送管の大きさは、粗骨材の最大寸法を考慮して決める。

**問題4　正しい**

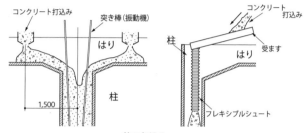

柱の打込み

**問題5**　誤り

　スラブの付いたせいの高い梁の場合は、スラブと梁との境目にひび割れが発生
するおそれがあるので、**梁の**コンクリート**が**沈降**してから、**スラブ**を打ち込む。

**問題6　正しい**
**問題7　正しい**

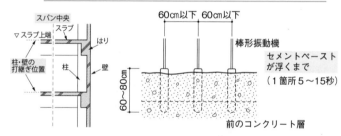

コンクリートの打継ぎ　　　　棒形振動機による加振

**問題8　正しい**

**(関連)** ●**加振時間**は、十分締固めができるように1箇所当たり**5〜15秒**とする。
　　　　●**先端**が、先に打込んだコンクリートの層に届くように挿入する。
　　　　●**引抜き**は、コンクリートに穴を残さないようにゆっくり行う。
　　　　●先端が鉄筋や型枠などに**接触しない**ようにコンクリートの締固めを行う。

**問題9　正しい**

**問題10**　誤り

　コンクリートの均しでは、所定のレベル又は所定の勾配に粗均しを行ったのち、
コンクリートが**凝結硬化を始める前**に、**タンパー**等で表面をたたき締め、平らに
敷き均し、コンクリートの沈み、ひび割れを防止する。

コンクリート工事（養生・各種コンクリート）に関する記述として、**適当**か、**不適当**か、判断しなさい。

Check ☐☐☐

**問題1**
　コンクリートの打込み後、少なくとも1日間はその上で作業してはならない。

Check ☐☐☐

**問題2**
　コンクリートの硬化初期に振動が加わると、強度の発現が損なわれる。

Check ☐☐☐

**問題3**
　コンクリート打込み後の養生温度が高いほど、長期材齢における強度増進が大きくなる。

Check ☐☐☐

**問題4**
　初期の湿潤養生期間は、普通ポルトランドセメントを用いる場合より早強ポルトランドセメントを用いる方が短くてよい。

Check ☐☐☐

**問題5**
　コンクリート打込み後の散水養生は、一般に水分が不足してくる7日目以降に始めるのがよい。

Check ☐☐☐

**問題6**
　寒中コンクリートの初期養生は、コンクリートの圧縮強度が一定値に達するまで行う。

Check ☐☐☐

**問題7**
　暑中コンクリートは、必要に応じて練混ぜ水の温度を下げる措置をとる。

Check ☐☐☐

**問題8**
　高強度コンクリートには、高性能ＡＥ減水剤又は高性能減水剤を使用する。

Check ☐☐☐

**問題9**
　マスコンクリートの場合、部材内部の温度が最高温度に達した後、直ちにコンクリートの表面を冷水で冷やす。

Check ☐☐☐

**問題10**
　水密コンクリートは、単位水量をできるだけ大きくする。

3
施工（躯体工事）

# 解　説

## 問題1・2　正しい

(参考)打込み後のコンクリートには、直射日光などによる乾燥を防ぐための養生を行う。また、コンクリートの硬化初期には、強い風などの気象作用からコンクリートの露出面を保護しなければならない。

## 問題3　誤り

コンクリート打込み後の養生温度が過度に高いと、温度ひび割れの発生を誘発したり、長期材齢における強度増進が小さくなる。

## 問題4　正しい

(参考)● 初期の湿潤養生の期間が短いほど、中性化が早く進行する。
　　　● フライアッシュセメントB種を用いる場合、湿潤養生を十分に行い、早期における乾燥を防ぐようにする。

## 問題5　誤り

コンクリート打込み後の湿潤養生は初期養生が大切であり、散水・噴霧等による養生は、普通ポルトランドセメントを用いた場合では、計画供用期間が短期及び標準では打込み後直後より5日以上、長期及び超長期では7日以上としている。

(参考)● せき板が存置されていても、コンクリートは湿潤状態に保たれているとは限らない。
　　　● 打込み後のコンクリートが透水性の小さいせき板で保護されている場合は、湿潤養生と考えてよい。

## 問題6　正しい

(参考)一般にコンクリートの圧縮強度が5 N/mm$^2$に達するまでとする。

## 問題7　正しい
## 問題8　正しい
## 問題9　誤り

マスコンクリートの内部温度上昇が緩やかになり、最高温度に達した後は、マスコンクリート部材を保温し、できるだけ長時間をかけて緩やかに冷却するのがよい。直ちにコンクリートの表面を冷水で冷やすとひび割れの原因となる。

## 問題10　誤り

水密コンクリートは、特に高い水密性や漏水に対する抵抗性が要求されるコンクリートに適用され、単位水量は、フレッシュコンクリートの所要の品質が得られる範囲内で、できるだけ小さくする。

# 9 鉄骨工事

## 9-1

鉄骨工事（工作・組立て等）に関する記述として、**適当**か、**不適当**か、判断しなさい。

Check ☐☐☐

### 問題1
テープ合わせとは、鉄骨製作用と工事現場用の基準鋼製巻尺とを照合して誤差を確認することをいう。

Check ☐☐☐

### 問題2
けがき寸法は、製作中に生じる収縮、変形及び仕上げ代を考慮した値とする。

Check ☐☐☐

### 問題3
ポンチ、たがねによるけがきは、曲げ加工される部分の外面に行ってはならない。

Check ☐☐☐

### 問題4
板厚13mmを超える鋼板の切断は、せん断切断としてはならない。

Check ☐☐☐

### 問題5
鋼板のガス切断は、自動ガス切断機を用いた。

Check ☐☐☐

### 問題6
高力ボルト用の孔あけ加工は、板厚が13mm以下の場合、せん断孔あけとすることができる。

Check ☐☐☐

### 問題7
熱間曲げ加工は、200～400℃の青熱ぜい性域で行ってはならない。

Check ☐☐☐

### 問題8
溶融亜鉛めっきにより生じたひずみは、常温で機械的に矯正した。

Check ☐☐☐

### 問題9
部材を接合する際に、固定したり、拘束したりする道具としてジグが用いられる。

Check ☐☐☐

### 問題10
隅肉溶接部の検査は、一般に超音波探傷試験により行われる。

# 解 説

**問題1 正しい**

**(参考)** 鉄骨製作工場と工事現場で別々に用いる基準巻尺は、製作開始前に照合を行う。

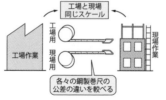

テープ合わせ

自動ガス切断

**問題2 正しい**
**問題3 正しい**
**問題4 正しい**
**問題5 正しい**

**問題6 誤り**

**高力ボルト**用の孔あけ加工は、板厚に関係なく**ドリルあけ**とする。高力ボルト以外のボルト、アンカーボルト、鉄筋貫通孔はドリルあけを原則とするが、板厚が**13mm以下**のときは、**せん断孔あけ**とすることができる。

ドリルあけ

せん断あけ（板厚≦13 mm）
※高力ボルト用を除く

**問題7 正しい**
**問題8 正しい**
**問題9 正しい**

**(関連)溶接**には、ポジショナー、回転治具などを用い、なるべく**下向き**の姿勢で行う。

**問題10 誤り**

隅肉溶接部の検査は、**目視検査**により行われる。

**〈鉄骨工事において、柱部分に取り付ける付属金物〉**
- エレクションピース
- デッキプレート受け
- 親綱取付け用フック　など

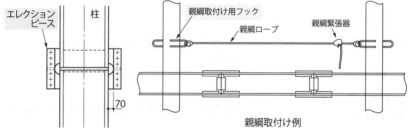

親綱取付け例

## 9-2

鉄骨工事（錆止め塗装）に関する記述として、**適当**か、**不適当**か、判断しなさい。

**Check** ☐☐☐

### 問題1
柱ベースプレート下面のコンクリートに接する部分は、塗装を行った。

**Check** ☐☐☐

### 問題2
高力ボルト摩擦接合部の摩擦面は、塗装を行わなかった。

**Check** ☐☐☐

### 問題3
角形鋼管柱の密閉される閉鎖形断面の内面は、塗装を行わなかった。

**Check** ☐☐☐

### 問題4
コンクリートに埋め込まれる、鉄骨梁に溶接された鋼製の貫通スリーブの内面は、塗装を行った。

**Check** ☐☐☐

### 問題5
工事現場溶接を行う部材は、開先面以外はすべて塗装を行う。

**Check** ☐☐☐

### 問題6
素地調整で鋼材表面に粗さを与えると、塗膜の付着性が向上する。

**Check** ☐☐☐

### 問題7
塗膜にふくれや割れが生じた場合には、その部分の塗膜をはがしてから再塗装する。

**Check** ☐☐☐

### 問題8
ブラスト法による錆落しを行った場合には、ショッププライマーなどを塗装しなければならない。

**Check** ☐☐☐

### 問題9
錆止め塗装を行った翌日に塗り残し部分を見つけたので、その部分は再度素地調整を行い塗装した。

# 解 説

**問題1** 誤り

　柱ベースプレート下面のコンクリートに接する部分は、コンクリートのアルカリによって塗膜が侵されることや、柱脚部の水平応力に対する摩擦抵抗が低下するので塗装しない。

**問題2** 正しい
**問題3** 正しい
**問題4** 正しい

**問題5** 誤り

　工事現場溶接を行う箇所及び隣接する両側のおのおの100mm程度は、溶接熱によって塗膜が焼失するため塗り残す。塗残しをする部分は、溶接条件によって100mm以上の部分でも温度が上昇して塗膜が熱劣化を生じる場合もあるので、これを考慮して塗残し部分の範囲を決定する。

**問題6** 正しい
**問題7** 正しい
**問題8** 正しい
**問題9** 正しい

〈塗装してはいけない部分〉

　**塗装してはいけない部分**が定められており、「工事現場溶接を行う箇所及びそれに隣接する両側それぞれ100mm以内、かつ、超音波探傷に支障を及ぼす範囲」、「高力ボルト摩擦接合部の摩擦面」、「コンクリートに埋め込まれる部分及び接触する部分」、「密着または回転のための削り仕上げを行った部分（ローラー支承の楢動面など）」、「組立てによって肌合せとなる部分」、「密閉となる内面」、とされている。

| 溶　接　箇　所 | 高力ボルト接合面 |
|---|---|
| 100mm以内　100mm以内　錆止めペイント | 接合面 |
| コンクリート埋設部 | 密閉される鉄骨内面 |
| コンクリート面　コンクリート埋設部 | 鉄骨内面 |

92

## 9-3

鉄骨工事（現場作業）に関する記述として、**適当**か、**不適当**か、判断しなさい。

**Check** ☐☐☐

### 問題1
鉄骨柱脚のアンカーボルトの定着長さを、フックの部分を含んだ長さとした。

**Check** ☐☐☐

### 問題2
アンカーボルトのねじ部は、柱の建方までビニールテープを巻いて養生した。

**Check** ☐☐☐

### 問題3
構造用アンカーボルトの位置ずれを、加熱による台直しで修正した。

**Check** ☐☐☐

### 問題4
アンカーボルト頭部の出の高さは、ナットの外にねじ山が3山以上出るようにした。

**Check** ☐☐☐

### 問題5
柱脚のアンカーボルトのナットは、コンクリートに埋め込まれる場合を除き二重ナットとした。

**Check** ☐☐☐

### 問題6
アンカーボルトのナットは、手動レンチを用いてナット回転法により、アンカーボルトの張力が均等になるように締め付けた。

**Check** ☐☐☐

### 問題7
建入れ直しは、建方がすべて完了してから行う。

**Check** ☐☐☐

### 問題8
建入れ直しを行ったものは、高力ボルト接合の場合、速やかに本締めを行う。

**Check** ☐☐☐

### 問題9
ターンバックル付き筋かいを有する鉄骨構造物では、その筋かいを用いて建入れ直しを行ってはならない。

**Check** ☐☐☐

### 問題10
建入れ直しにワイヤロープを用いる場合は、必ず引きと返しのたすき掛けに張る。

# 解 説

**問題1** 誤り
　鉄骨柱脚のアンカーボルトの定着長さには、<u>フック</u>
<u>の部分を**含まない**</u>。

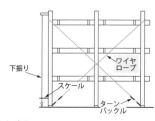

**問題2　正しい**

**問題3** 誤り
　<u>修正は、構造耐力を負担するボルト、特に引張力を負担するボルトには適用で</u>
<u>きない。構造耐力を負担しない建方用ボルトの場合は、台直しで修正が可能である。</u>

**問題4　正しい**
**(参考)** 2重ナット締めを行っても外に**ねじ山**が**3山以上**出るようにする。

**問題5　正しい**
**問題6　正しい**

**問題7** 誤り
　<u>建入れ直しは、**できるだけ小区画**ごとに行う。</u>建方がすべて完了してからでは、
各仕口が固定され、修正ができなくなる。

**問題8　正しい**
**問題9　正しい**
**問題10　正しい**

建入れ直し

**(参考)** 鉄骨工事に関する**作業と工具等の組合せ**
- スパンの調整 ────────── 矢(くさび)
- 柱の建方精度の測定 ──────── 下げ振り
- 高力ボルトの締付け ──────── トルクレンチ

# 9-4

鉄骨工事（高力ボルト接合）に関する記述として、**適当**か、**不適当**か、判断しなさい。

**Check**

**問題1**
セットを構成する座金及びナットには表裏があるので、逆使いしないようにした。

**Check**

**問題2**
ショットブラスト処理は、摩擦接合における摩擦面の処理として認められていない。

**Check**

**問題3**
建方時に用いた仮ボルトを、本締めに用いるボルトとして使用した。

**Check**

**問題4**
一群のボルトの締付けは、群の中央より周辺に向かう順序で行った。

**Check**

**問題5**
接合部組立て時に積層した板間に生じた2mm以下のボルト孔の食違いを、リーマー掛けで修正した。

**Check**

**問題6**
ボルト孔にボルトを挿入後、直ちに、ボルト軸、ナット、座金及び鋼材面にマーキングを行う。

**Check**

**問題7**
正常な締付けが行われなかったボルトは、新しいボルトに交換して締め直した。

**Check**

**問題8**
トルシア形高力ボルトの本締めは、ピンテールが破断するまで締め付けた。

**Check**

**問題9**
溶融亜鉛めっき高力ボルトの孔径は、同じ呼び径の高力ボルトの孔径よりも大きくした。

**Check**

**問題10**
高力ボルトと溶接の併用継手は、高力ボルトを先に締め付け、その後溶接を行った。

# 解　説

**問題1　正しい**
(関連)トルシア形高力ボルトの1セットには、1枚の座金を用いる。

**問題2　誤り**
　摩擦接合における摩擦面を**ショットブラスト**又はグリットブラストにて処理することとし、この表面粗さは50μmRz以上の確保が必要とされており、ショットブラスト処理は、認められている。

**問題3　誤り**
　建方時に用いる**仮ボルト**は、中ボルト等を用い、ボルト1群に対して1/3程度かつ2本以上をバランスよく配置して締め付ける。本締めに用いるボルトは仮ボルトに用いたものを用いてはならず、**高力ボルト**を用いる。

**問題4・5　正しい**　　　　　　　　　　　　　　**リーマー掛け**

**問題6　誤り**
　**マーキング**は、一次締付け後、すべてのボルトについてボルト・ナット・座金及び部材にわたるマークを施すのであって、ボルト挿入後、直ちにではない。

**問題7　正しい**
**問題8　正しい**

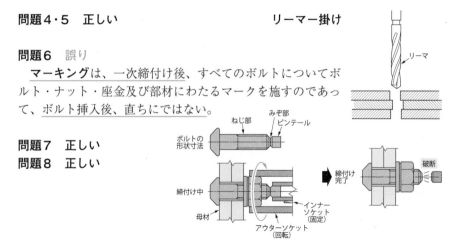

トルシア形高力ボルトの本締め

**問題9　誤り**
　溶融亜鉛めっき高力ボルトの孔径は、公称軸径16mmの場合で孔径は17.5mm、20mmの場合で22mm、22mmの場合で24mm、24mmの場合で26mmである。同じ呼び径の高力ボルトの孔径は、公称軸径＋2.0mmなので、溶融亜鉛めっき高力ボルトの孔径の方が小さいか同じである。
**問題10　正しい**

〈トルシア形高力ボルトの1次締め後のマーキングの目的〉
- マークのずれによって、**とも回りの有無**を確認できる。
- マークのずれによって、**ナットの回転量**が確認できる。
- マークのずれによって、**軸回りの有無**を確認できる。

# 10　その他の工事

**10-1** 　特殊コンクリート工事に関する記述として、**適当**か、**不適当**か、判断しなさい。

〈ＡＬＣパネル工事〉

Check ☐☐☐
**問題1**
　パネルの外壁面は、防水性のある仕上げ材で仕上げた。

Check ☐☐☐
**問題2**
　パネルの加工などにより露出した鉄筋は、防錆処置をした。

Check ☐☐☐
**問題3**
　縦壁ロッキング構法におけるパネル間の縦目地は、モルタルを充填し固定した。

Check ☐☐☐
**問題4**
　横壁ボルト止め構法のパネルの受け鋼材は、積上げ段数5段ごとに設けた。

Check ☐☐☐
**問題5**
　床パネルで集中荷重が作用する部分は、その直下に荷重受け梁を設け、パネルを梁上で分割した。

Check ☐☐☐
**問題6**
　床パネルに、電気配管用の溝掘りを行った。

〈補強コンクリートブロック工事〉

Check ☐☐☐
**問題7**
　充填コンクリートは、ブロック2段以下ごとに充填し、突き棒で突き固めた。

Check ☐☐☐
**問題8**
　耐力壁の縦筋は、コンクリートブロックの空洞部の中心にくるようにし、かぶり厚さを確保した。

Check ☐☐☐
**問題9**
　水道管やガス管は、構造躯体であるブロック壁内に埋め込んだ。

Check ☐☐☐
**問題10**
　がりょうの下には、横筋用ブロックを用いた。

3 施工（躯体工事）

97

# 解 説

**問題1　正しい**
(参考)外壁パネルの取付けは、**表裏を確認**（パネル短辺
小口の表示による）して行う。

**問題2　正しい**
(参考)パネルの取付け金物にも、**防錆処理**を行う。

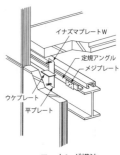

ロッキング構法

**問題3**　誤り
　**縦壁ロッキング構法**におけるパネル間の縦目地は、一
般的には、さねはぎとなっており、**バックアップ材**と**シー
リング材**によって雨水の流入を防ぐ。
(関連)外壁パネルと間仕切りパネルの取合い部は、パネルどうしのすき間20mmの
伸縮目地とする。

**問題4・5　正しい**

**問題6**　誤り
　**床用パネル**及び屋根用パネ
ルには、**溝掘りは行ってはな
らない**。外壁用及び間仕切壁
用パネルには、パネル1枚当
たり1本かつ幅30mm以下、深
さ10mm以下までは溝掘りを行
うことができる。

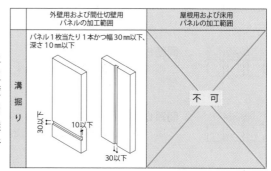

(関連)外壁パネルに設ける設備配管用貫通孔の径は、パネル幅の1/6以下とする。

**問題7　正しい**
**問題8　正しい**

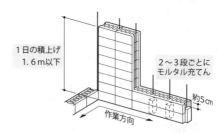

**問題9**　誤り
　構造躯体であるブロック内に上下水道・ガス等の配管を行うと、配管のメンテ
ナンス時に壁を傷つけることになり、建物の耐久性や構造耐力上支障が生じるこ
ともあるため、これらの**配管をブロック壁内に埋め込んではならない。**

**問題10　正しい**

## 10-2 木工事に関する記述として、**適当**か、**不適当**か、判断しなさい。

**Check**

**問題1**
　土台を据えるには、やり方の心墨を基準にする。

**Check**

**問題2**
　土台の据付けは、基礎天端にやり方から移した墨を基準とする。

**Check**

**問題3**
　隣り合う根太は、継手位置をそろえて割り付ける。

**Check**

**問題4**
　柱に使用する心持ち材には、干割れ防止のため背割りを入れる。

**Check**

**問題5**
　化粧材となる柱は、紙張り、板あてなどで養生を行う。

**Check**

**問題6**
　筋かいと間柱が交差する部分では、筋かいを欠き取ることのないようにする。

**Check**

**問題7**
　建入れ直しは、方づえや筋かいなどを取り付けて、全体を固めてから行う。

## 10-3 内装改修工事に伴う鉄筋コンクリートの既存間仕切壁の撤去に関する記述として、**適当**か、**不適当**か、判断しなさい。

**Check**

**問題8**
　間仕切壁に開口部を設ける部分の取壊しは、開口部となる壁の両面にあらかじめダイヤモンドカッターで切込みを入れてから行った。

**Check**

**問題9**
　騒音や粉塵の発生を少なくするため、空気圧式のハンドブレーカーを使用した。

**Check**

**問題10**
　壁を撤去した後の構造体に残った壁筋は、撤去面より深い位置で切断した。

# 解　説

問題１　正しい

問題２　正しい

**(参考)土台**の継手は、腰掛けかま継ぎ又は腰掛けあり継ぎとし、上木となる方を
　　　アンカーボルトで締め付ける。

問題３　誤り

　継手は、部材強度としては弱点なので、隣り合う根太や垂木等は、**継手位置を**
**そろえないように**割り付ける。

**(参考)根太**の継手 ⇨ 大引の心で突付け継ぎとし、釘打ちとする。

問題４　正しい　　　**背割り　→**
問題５　正しい

問題６　正しい

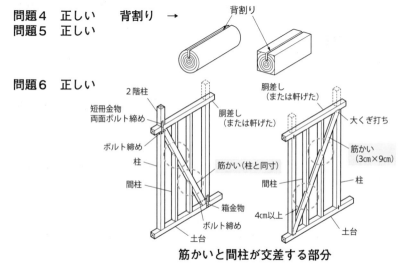

**筋かいと間柱が交差する部分**

問題７　誤り

　木工事の**建入れ直し**は、柱や梁の主要な骨組の建方が終った段階で、仮筋かい
をかい、下げ振りを用いて建入れを確認し、ロープ等で柱を垂直にし、その後に
方づえや筋かい等を入れて全体を固める。

問題８　正しい

問題９　誤り

　空気圧式の**ハンドブレーカー**によるはつりは、**騒音**や**粉塵**が**多い**が、振動はあ
まり発生しない。騒音を小さくしたい場合は、小型油圧クラッシャー等を用いる。

**(参考)**壁の大半を撤去する大規模な取壊しには、油圧クラッシャ等を使用する。

問題10　正しい

# 11 建設機械、機械・器具

建設機械、機械・器具に関する記述として、**適当**か、**不適当**か、判断しなさい。

Check

**問題1**
ランマーは、広い面積の土の締固めに適する。

Check

**問題2**
振動ローラーは、振動数などを変えることにより、材料の性状に応じた締固めができる。

Check

**問題3**
トレンチャーは、敷き均しに用いられる。

Check

**問題4**
タイヤローラーは、含水比の高い土や砕石の締固めに適している。

Check

**問題5**
ハンマーグラブは、オールケーシング工法における掘削に用いる。

Check

**問題6**
パワーショベルは、機体位置より上方の掘削に適している。

Check

**問題7**
クラムシェルは、地盤面からの根切りが深い掘削に用いられる。

Check

**問題8**
アースオーガーは、削孔に用いられる。

Check

**問題9**
バイブロハンマーは、鋼矢板の打込みや引抜きに用いられる。

Check

**問題10**
タワークレーンは、揚重に用いられる。

Check

**問題11**
トルクレンチは、高力ボルトの締付けに用いられる。

施工（躯体工事）

# 解　説

## 問題1　誤り

　**ランマー**は土などの締固めに使われる建設機械で、内燃機関の爆発により飛び上がらせ、その反作用と落下の衝撃で土を締め固める。建築物の基礎、埋設物の埋戻し等ごく狭い所の締固めに利用されるもので、広い面積の土の締固めには適さない。

タンピングランマー

## 問題2　正しい

## 問題3　誤り

　**トレンチャー**は、幅の狭い、比較的深い溝を掘削する機械で、ガス管や給排水管等の溝掘りに用いられるが、敷き均しには用いない。
**(参考)** ブルドーザーは、すき取りや盛土に用いる。

## 問題4　誤り

　**タイヤローラー**は、バラストボックスに砂などを入れて自重を加減したり、タイヤの空気圧を変えることにより接地圧の調整が可能で、シルト質土の転圧に適しているが、含水比の高い土や砕石の締固めに適していない。

タイヤローラー

## 問題5　正しい
## 問題6　正しい
## 問題7　正しい
## 問題8　正しい
## 問題9　正しい
## 問題10　正しい
## 問題11　正しい

杭打ちやぐら
(パイルドライバー)
ドラグライン
クレーン
クラムシェル
パワーショベル
地盤面
ドラグショベル
(バックホー)

掘削用機械

バイブロ
ハンマー

鋼矢板

アースオーガー

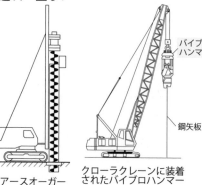

クローラクレーンに装着
されたバイブロハンマー

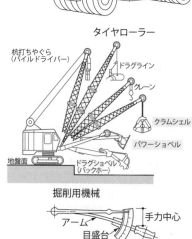

アーム
手力中心
目盛台
目盛
ハンドル
指針
ヘッド
角ドライブ
サポート

トルクレンチ

**4**

# 施工
# （仕上げ工事）

# ④ 施工（仕上げ工事）

## 1　防水工事

**1-1**　　アスファルト防水工事に関する記述として、**適当**か、**不適当**か、判断しなさい。

Check ☐☐☐

### 問題1
　温暖地域における防水工事では、JISの防水工事用アスファルトの3種とする。

Check ☐☐☐

### 問題2
　アスファルトの溶融温度の上限を、アスファルト製造所の指定する温度とした。

Check ☐☐☐

### 問題3
　アスファルト防水の施工は、下地コンクリートが十分乾燥していることが必要である。

Check ☐☐☐

### 問題4
　アスファルトプライマーは、ローラーばけを用いて、均一に塗り付けた。

Check ☐☐☐

### 問題5
　コンクリート下地の入隅は、45°の面取りとする。

Check ☐☐☐

### 問題6
　露出防水絶縁工法における立上り入隅部に、角度45°、傾斜面70mm程度の成形キャント材を使用した。

Check ☐☐☐

### 問題7
　アスファルトルーフィングの張付けは、アスファルトプライマーの塗付け後、直ちに行った。

Check ☐☐☐

### 問題8
　防水層の部分的なふくれは、下層のルーフィングを損傷しないように切り開き、空気を追い出して張り付け、ルーフィングを増張りした。

# 解 説

## 問題1〜4　正しい

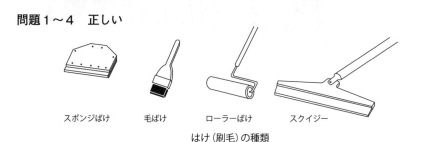

スポンジばけ　　毛ばけ　　ローラーばけ　　スクイジー

はけ（刷毛）の種類

## 問題5・6　正しい

コンクリート下地の**入隅**、**出隅**は、防水層のなじみを良くするために、70 mm程度の45°の**面取り**とする。

**成形キャント材**は、平場および立上りの入隅部を、角度**45度に面取り**するために用いる材料である。

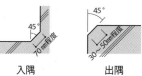

入隅　　　出隅

## 問題7　誤り

**アスファルトルーフィング**の**張付け**は、アスファルトプライマーの**乾燥を確認した後に行う**。アスファルトプライマーは、塗布後8時間以内に乾燥するものとする。

## 問題8　正しい

防水層の**部分的なふくれ**は、下層のルーフィングを損傷しないように、カッター等の用具で十文字又はH型に切開して、空気を押し出すようにしてアスファルトを流して張り付け、更に切開した寸法より大きめのルーフィングを増張りする。

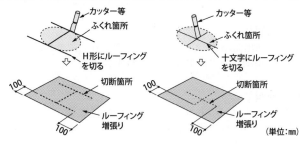

ふくれの補修例

## 1-2　防水工事に関する記述として、**適当**か、**不適当**か、判断しなさい。

**Check** ☐☐☐

**問題1**
　平場のストレッチルーフィングの流し張りは、アスファルトがはみ出さないように押しつけながら張り付けた。

**Check** ☐☐☐

**問題2**
　アスファルトルーフィングの重ね幅は、長手、幅方向とも100mmとした。

**Check** ☐☐☐

**問題3**
　アスファルトルーフィングは、継目の位置が上下層で同一箇所になるように張り付けた。

**Check** ☐☐☐

**問題4**
　出隅及び入隅の増張りのストレッチルーフィングの幅は、300mmとした。

**Check** ☐☐☐

**問題5**
　コンクリートの打継部には、絶縁用テープを張り付けた後、幅300mm程度のストレッチルーフィングを増張りした。

**Check** ☐☐☐

**問題6**
　砂付きあなあきルーフィングの張付けは、突付け張りとする。

**Check** ☐☐☐

**問題7**
　保護コンクリート仕上げの場合に用いる絶縁用シートの重ね幅は、100mmとした。

**Check** ☐☐☐

**問題8**
　防水層保護コンクリートの伸縮目地に用いる既製目地材の下に、モルタルを全長にわたり敷き込んで、据付け高さの調整を行った。

**Check** ☐☐☐

**問題9**
　防水層保護コンクリートの伸縮目地の深さは、保護コンクリート厚さの半分程度とした。

**Check** ☐☐☐

**問題10**
　屋根防水保護コンクリートの伸縮調整目地の縦横間隔は、3m程度とした。

4
施工（仕上げ工事）

# 解 説

## 問題1　誤り

　平場のルーフィングの流し張りは、アスファルトがはみ出すように張り付ける。重ね幅を長手、幅方向とも100mm以上とし、**重ね部からはみ出たアスファルト**はその都度はけを用いて塗り均しておく。

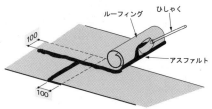

**ルーフィング類の流し張り**

## 問題2　正しい

**(参考)**平場のルーフィングと立上りのルーフィングの重ね幅は、150mm程度とする。

## 問題3　誤り

　アスファルトルーフィング類は、原則として水勾配に逆らわないように、かつ、上下層の重ね位置が**同一箇所にならないように**張り付ける。

## 問題4　正しい
## 問題5　正しい
## 問題6　正しい

**(関連)**降雨により作業を中断する場合、施工途中の砂付きあなあきルーフィングの張りじまいは**袋張り**して、端部からの雨水の侵入を防ぐ。

## 問題7　正しい
## 問題8　誤り

　防水層保護コンクリートの**伸縮目地**は、防水層の表面まで達していなければ目的を十分発揮することはできない。したがって既製目地材の下に、モルタルを全長にわたり敷き込んで、据付け高さの調整を行うことは適当ではない。

## 問題9　誤り、問題10　正しい

　防水層保護コンクリートの**伸縮目地**の深さは、保護コンクリートの下面まで達するように設ける。伸縮調整目地の割付けは、周辺の立上り部の仕上り面から0.6m程度とし、中間部は縦横3m程度とする。

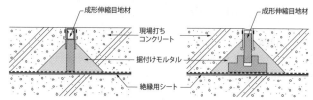

**伸縮目地の施工例**

**1-3**

防水工事に関する記述として、**適当**か、**不適当**か、判断しなさい。

〈加硫ゴム系ルーフィングシート防水（接着工法）〉

**問題1**
Check ☐☐☐
防水層下地のコンクリート面は、木ごて仕上げとした。

**問題2**
Check ☐☐☐
防水層下地の入隅の形状は直角とし、出隅は面取りとした。

**問題3**
Check ☐☐☐
プライマーは、その日にシートを張り付ける範囲に塗布した。

**問題4**
Check ☐☐☐
接着剤は、プライマーが乾燥する前に塗布する。

**問題5**
Check ☐☐☐
一般部のルーフィングシートは、引張りを与えないよう、また、しわが生じないように張り付ける。

**問題6**
Check ☐☐☐
防水層の立上り末端部は、押え金物で固定し、シール材を用いて処理する。

**問題7**
Check ☐☐☐
ルーフドレンや配管とスラブとの取合い部は、平場のシートの張付けに先立ち増張りを行う。

〈ウレタンゴム系塗膜防水〉

**問題8**
Check ☐☐☐
プライマーは、はけ、ゴムべら、吹付け器具などを用いて均一に塗布する。

**問題9**
Check ☐☐☐
補強布の張付けは、突付け張りとする。

**問題10**
Check ☐☐☐
ルーフドレン、配管などの取合いは、補強布を用いて補強塗りを行う。

**問題11**
Check ☐☐☐
通気緩衝シートは、接着剤又はウレタン防水材で張り付ける。

4 施工（仕上げ工事）

109

# 解 説

**問題1** 誤り

　防水層下地の平場のコンクリート表面は、加硫ゴム系ルーフィング防水だけでなく、防水層の種別にかかわらず、すべて**金ごて仕上げ**とする。

**問題2・3** 正しい

**問題4** 誤り

　接着剤は、プライマーが**乾燥した後**に塗布する。

**(関連)** 下地とシートの接着に用いる**接着剤**は、**合成ゴム**系、**合成樹脂**系または**ポリマーセメントペースト**系のものとする。

**問題5** 正しい

**(関連)** 平場でのシート相互の接合幅は、長手・幅方向とも**100mm以上**とする。

**問題6・7** 正しい

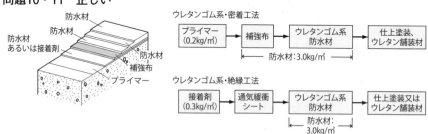

加硫ゴム系シート（接着仕様）

太陽光の熱線吸収による屋根面の温度上昇防止と、美観及び保護を目的として、防水層表面に塗装仕上げを行う。

**問題8** 正しい、**問題9** 誤り

　**補強布**の重ね幅は、50 mm以上とし、下地によくなじませ、耳立ち・しわ等が生じないように防水材で張り付ける。

**問題10・11** 正しい

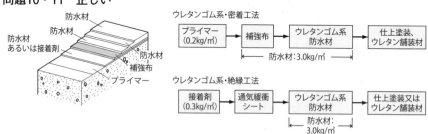

**(参考)シーリング工事**

- プライマーを塗布し、乾燥後、シーリング材を充填する。
- 充填箇所以外の部分に付着したシリコーン系シーリング材は、シーリング材が硬化後取り除く。

# 2　屋根工事

屋根工事に関する記述として、**適当**か、**不適当**か、判断しなさい。

**Check**
□□□
## 問題1
　平葺きは、葺板に立上りを設けず、平面に葺き上げる工法である。

**Check**
□□□
## 問題2
　銅板平葺において、吊子の留付けにはステンレス釘を用いた。

**Check**
□□□
## 問題3
　立てはぜ葺きは、両端部を流れ方向に平行に立ち上げた葺板相互をはぜ継ぎして葺き上げる工法である。

**Check**
□□□
## 問題4
　瓦棒葺きは、金属板をプレスして瓦様につくった屋根材で葺き上げる工法である。

**Check**
□□□
## 問題5
　金属製重ね形折板葺において、折板の鉄骨母屋への留付けにはチャンネルボルトを用いた。

**Check**
□□□
## 問題6
　重ね形の折板は、1山おきにタイトフレームに固定する。

**Check**
□□□
## 問題7
　折板葺における水上の先端には、雨水を止めるために止水面戸を用いる。

**Check**
□□□
## 問題8
　折板葺における水上部分の壁との取合い部に取り付ける雨押えの立上げは、50mmとした。

**Check**
□□□
## 問題9
　折板葺におけるけらば包みの継手部は、重ね内部にシーリング材を挟み込んで留めた。

**Check**
□□□
## 問題10
　大波スレート板葺（繊維強化セメント板）において、スレート板の鉄骨母屋への留付けにはフックボルトを用いた。

# 解　説

**問題1**　正しい

**問題2**　正しい

　銅板葺きでは、銅釘、黄銅釘又はステンレス釘により吊子を下地板に固定する。

**問題3**　正しい

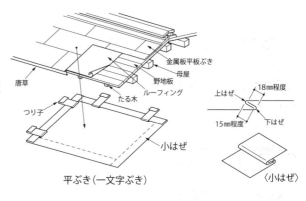

金属板平板ぶき
母屋
野地板
ルーフィング
唐草
たる木
つり子
小はぜ

平ぶき（一文字ぶき）

上はぜ　18mm程度
15mm程度　下はぜ

〈小はぜ〉

**問題4**　誤り

　**瓦棒葺き**は、屋根の流れの方向に一定間隔で桟を裏板の上に打ち付け、野地板の上に下葺きを行い、金属板を敷き、桟の上にも金属板をかぶせるものである。

**問題5**　誤り

　**金属製重ね形折板葺**において、折板の鉄骨母屋への留付けは母屋の断面寸法が小さいと、タイトフレームの溶接作業が困難になるので、受け梁を設ける。タイトフレームへの折板の取付けは、先のとがっている剣先ボルトを用いる。

**(参考)** 受梁へのタイトフレームの取付けは、アーク溶接（隅肉溶接）とする。

**問題6**　誤り

　重ね形の折板は、**各山ごとに**タイトフレームに固定し、折板の重ね部に使用する緊結ボルトの間隔は、600 mm程度とする。折板の端部の端空き寸法は50 mm以上とする。

**問題7**　正しい

**問題8**　誤り

　水上部分の壁との取合い部は、折板葺き止水面戸を取り付けた後、雨押えに取り付ける。雨押えの一端は壁際で150 mm程度に立ち上げ、他端は折板に200 mm程度覆う寸法とし、エプロンが取り付くよう加工する。雨押えの取付けは、固定ボルトもしくは緊結ボルトを利用して行う。

**問題9**　正しい

**問題10**　正しい

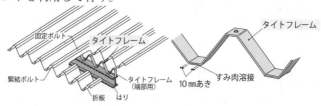

固定ボルト
タイトフレーム
緊結ボルト
折板
はり
タイトフレーム（端部用）
10 mmあき
すみ肉溶接
タイトフレーム

# 3 左官工事

3-1　左官工事（セメントモルタル塗り）に関する記述として、**適当**か、**不適当**か、判断しなさい。

Check ☐☐☐

## 問題1
　壁のセメントモルタル塗りにおいて、モルタル塗りの接着性の向上のため、セメント混和用ポリマーを用いた。

Check ☐☐☐

## 問題2
　壁のセメントモルタル塗りにおいて、乾燥収縮によるひび割れ防止のため、保水剤としてメチルセルロースを使用した。

Check ☐☐☐

## 問題3
　壁のセメントモルタル塗りにおいて、吸水調整材は、下地とモルタルの接着力を増強するため、厚膜となるように充分塗布した。

Check ☐☐☐

## 問題4
　壁のセメントモルタル塗りの下塗り用の砂は、ひび割れ防止のため、こて塗り仕上げに支障のない限り粒径の大きなものを用いた。

Check ☐☐☐

## 問題5
　隅や角、ちり回りの定木塗りは、中塗りに先立って行った。

Check ☐☐☐

## 問題6
　セメントモルタル塗りの上塗りは、中塗りのセメントモルタルを十分乾燥させた状態で行う必要がある。

Check ☐☐☐

## 問題7
　下塗り、中塗り、上塗りの各層の塗厚は、6mm程度とした。

Check ☐☐☐

## 問題8
　コンクリート壁面のモルタル塗りにおいて、材料の1回の練混ぜ量は、3時間以内に使い切る量とした。

Check ☐☐☐

## 問題9
　改良圧着張りとする外壁タイル下地は、金ごてを用いて仕上げた。

4

施工（仕上げ工事）

# 解 説

問題1　正しい

問題2　正しい

問題3　誤り

　**吸水調整材**は、塗り過ぎることにより下地とモルタルの界面の膜が厚くなり、塗り付けたモルタルがずれやすくなり、モルタルの接着力を低下させるおそれがある。したがって、<u>薄膜となるように塗布する</u>。

問題4　正しい

問題5　正しい

問題6　誤り

　**セメントモルタル塗り**の<u>上塗り</u>は、中塗りに引き続き翌日に行うことが多く、水引きの状態を見計らい、隅、角、ちり回り等に注意し、こてむらなく平らになるよう、仕上げる。

問題7　正しい

問題8　誤り

　モルタルの**練混ぜ量**は、機械練りを原則とし、**1時間以内**に使い切る量とする。水を加え練り混ぜたモルタルは、気温・水温及び混和材料の種類により凝結時間は異なるが、品質確保のために使い切れる時間が決められている。

セメントモルタル塗りの工程

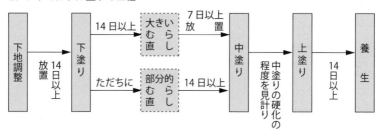

問題9　誤り

　**改良圧着張り**は、あらかじめ施工したモルタル下地面に張付けモルタルを塗り、モルタルが軟らかいうちにタイル裏面にも同じモルタルを塗って壁タイルをたたき押さえて張り付ける工法である。張付けモルタルは下地面との密着を確保しなければならないので、**木ごて押え**とし<u>金ごて仕上げは用いない</u>。

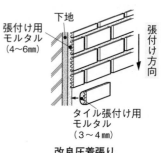

張付け用
モルタル
（4〜6mm）

下地

張付け方向

タイル張付け用
モルタル
（3〜4mm）

改良圧着張り

114

左官工事（プラスター塗り）に関する記述として、**適当**か、**不適当**か、判断しなさい。

**Check**
☐☐☐

**問題1**
せっこうプラスター塗りの下塗りは、下地モルタルが十分乾燥した後施工する。

**Check**
☐☐☐

**問題2**
せっこうプラスター塗りにおいて、下塗り・中塗りのせっこうプラスターは、加水後2時間以内に使用した。

**Check**
☐☐☐

**問題3**
せっこうプラスター塗りの上塗りは、中塗りがあまり乾燥しないうちに施工する。

**Check**
☐☐☐

**問題4**
浴室や厨房等、常時水や蒸気に触れるおそれのある場所へのせっこうプラスターの適用を避けた。

**Check**
☐☐☐

**問題5**
せっこうプラスター塗りにおいて、収縮によるひび割れ防止のためにすさを混入した。

**Check**
☐☐☐

**問題6**
せっこうプラスターの強度を高める為に、セメントを混入した。

**Check**
☐☐☐

**問題7**
既調合せっこうプラスター塗りの場合、硬化したものは、練り返して使用できない。

**Check**
☐☐☐

**問題8**
既調合せっこうプラスター塗りの場合、既調合材に水のみを加えて練り、塗り付ける。

**Check**
☐☐☐

**問題9**
ドロマイトプラスター塗りの場合、下地との付着力向上のため、すさを混入する。

**Check**
☐☐☐

**問題10**
ドロマイトプラスター塗りの場合、塗り作業中はできるだけ通風をなくす。

**4**

**施工（仕上げ工事）**

# 解 説

**問題1　正しい**
(参考) せっこうプラスター塗りの中塗りは、下塗りのセメントモルタルを十分乾燥させた状態で行う必要がある。

**問題2　正しい**
**問題3　正しい**
(参考) せっこうプラスター塗りにおいて、塗り面の**凝結が十分進行**した後、適度の**通風**を与える。

**問題4　正しい**
**問題5　正しい**

**問題6　誤り**
　せっこうプラスターに種類の違うプラスター、セメント等を混入したり、新しい材料に練り残しのせっこうプラスターを混合したりすると、硬化時間や強度に影響するので、絶対に避ける。
(参考) せっこうプラスターの調合では、砂の混合量を多くし過ぎてプラスターの強さを不足させないように注意する。

**問題7　正しい**
**問題8　正しい**

**問題9　誤り**
　**ドロマイトプラスター**は、収縮率が大きく、収縮ひび割れが入りやすいので、すさ及び砂の混入量は規定値を守ることが肝要である。ドロマイトプラスターは、下地との付着強度は小さいが、そのためにすさを混入するわけではない。
(関連) ドロマイトプラスター塗りの場合、乾燥に伴う**ひび割れを防止**するため、**すさ**を混入する。

**問題10　正しい**
せっこうプラスター塗りの工程

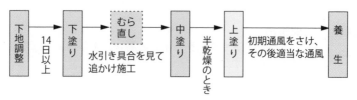

# 4　塗装工事・吹付け工事

## 4-1

塗装工事に関する記述として、**適当**か、**不適当**か、判断しなさい。

Check
☐☐☐

### 問題1
　エアスプレーによる吹付け塗りは、高粘度、高濃度の塗料による厚膜塗装に適している。

Check
☐☐☐

### 問題2
　ローラーブラシ塗りの場合、隅やちり回りなどは、小ばけなどを用い、あらかじめ塗っておく。

Check
☐☐☐

### 問題3
　合成樹脂エマルションペイント塗りは、はけ塗り、吹付け塗り、ローラーブラシ塗りが可能である。

Check
☐☐☐

### 問題4
　リムーバーは、塗膜をはがすのに用いられ、スクレーパーは、鉄面の汚れ、付着物の除去に用いられる。

Check
☐☐☐

### 問題5
　塗装場所の気温が5℃以下となったので、施工を中止した。

Check
☐☐☐

### 問題6
　上塗り塗料は、原則として工事現場で調合したものを使用する。

Check
☐☐☐

### 問題7
　合成樹脂エマルションペイント塗りは、溶剤を用いないので、大気汚染の危険性が少ない。

Check
☐☐☐

### 問題8
　合成樹脂エマルションペイント塗りは、鉄鋼面や亜鉛めっき鋼面の塗装に用いられる。

Check
☐☐☐

### 問題9
　複層塗材CE（凹凸状）において、吹付け仕上げとする場合、主材塗りは基層塗りと模様塗りの2回とする。

Check
☐☐☐

### 問題10
　外装厚塗材C（スタッコ状）において、主材の凸部処理は、主材の模様塗り後1日程度経過してから行う。

# 解　説

**問題1**　誤り

　**エアスプレー**による吹付け塗りは、塗料を圧縮空気によって霧化させながら、その空気圧力でスプレーガンにより塗装する。適用できる塗料の種類には限界があり、あまり高い粘度では均一に霧化できず、低粘度に希釈するため、一般に膜厚は薄い。

**（参考）**● 高粘度、高濃度の塗料による**厚膜塗装** ⇨ **エアレス**スプレー

　　　● エアスプレーのガンの**空気圧が低過ぎる**と噴霧が粗く、塗り面が**ゆず肌状**になる。

　　　● スプレーガンの**吹付け距離が遠過ぎる**と、塗り面がざらつき、塗料が飛散してロスが多くなる。

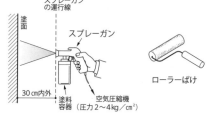

**問題2〜5　正しい**

**（関連）**塗装場所の湿度が**85％以上**の場合は、原則として塗装を行わない。

**問題6**　誤り

　**上塗り塗料**は、原則として**製造所**において指定された色調及びつやに調整された物（同一銘柄の下塗材から上塗材までを一組として使用）とする。ただし、使用量が少ない場合は、工事監理者の承認により、同一製造所の同種塗料に限って工事現場で調色することができる。

**（参考）**仕上塗材を施工する場合の所要量は、単位面積当たりの**希釈前の塗材の使用質量**で表す。

**問題7　正しい**

**問題8**　誤り

　合成樹脂エマルションペイント塗りは、建築物内外の不透明塗装仕上げを目的としており、鉄鋼面や亜鉛めっき鋼面の塗装に**用いられない**。

**問題9　正しい**

**問題10**　誤り

　外装厚塗材C（スタッコ状）において、吹付け仕上げとする場合、まず下塗材塗りを1回、次に主材塗りの基層塗りを行い、凸部処理は、主材の模様塗り後**0.5時間以内**の適当な時間を選んで行う。その後、上塗りを2回行う。

塗装工事（素地ごしらえ、下地調整等）に関する記述として、**適当**か、**不適当**か、判断しなさい。

**問題1**
Check ☐☐☐
木部の節止めに、合成樹脂エマルションパテを用いた。

**問題2**
Check ☐☐☐
木部に付着したアスファルトや油類は、皮すきで取り除き、溶剤でふいて乾燥させた。

**問題3**
Check ☐☐☐
鉄鋼面は、油類除去の後に、錆落としを行った。

**問題4**
Check ☐☐☐
めっき鋼面の錆止めに、鉛酸カルシウム錆止めペイントを使用した。

**問題5**
Check ☐☐☐
内部モルタル塗り壁面は、パテかいの後に、吸込止めを行った。

**問題6**
Check ☐☐☐
不透明塗料塗りとなる木部面は、節止めの後に、穴埋め・パテかいを行った。

**問題7**
Check ☐☐☐
コンクリート面の仕上塗材の付着性の確保や目違いの調整のため、セメント系下地調整塗材を使用した。

**問題8**
Check ☐☐☐
コンクリート面の仕上塗材仕上げが外装厚塗材C（スタッコ状）仕上げであったので、合成樹脂エマルション系下地調整塗材を使用した。

**問題9**
Check ☐☐☐
コンクリート面の仕上塗材仕上げが複層塗材E（アクリルタイル）仕上げなので、合成樹脂エマルション系下地調整塗材を使用した。

**問題10**
Check ☐☐☐
屋外や室内の湿潤になる場所のコンクリート面の下地調整に用いるパテは、合成樹脂エマルションパテを使用した。

# 解　説

**問題1**　誤り

　<u>木部の節止め</u>には、セラックニス1類を用いる。塗装前の素地調整で、節の回り及び樹脂の出そうな部分にセラックニスを<u>塗布する</u>が、この塗膜はアルコール系以外の溶剤には強いが、耐水性に劣ることから、水や熱により白化する。

**(参考)**木部の素地の割れ目や打ちきずなどは、ポリエステル樹脂パテで埋めて平らにする。

**問題2**　正しい

**(参考)**透明塗料塗りの木部の素地面で、仕上げに支障のおそれがある甚だしい変色は、漂白剤を用いて修正する。

**問題3**　正しい

**問題4**　正しい

**問題5**　誤り

　<u>内部モルタル壁面</u>は、

　　乾燥 ⇨ 汚れ・付着物除去 ⇨ <u>吸込み止め</u> ⇨ 穴埋め・パテかい

　　　　　　　　　　　　　　⇨ 研磨紙ずり ⇨ パテしごき ⇨ 研磨紙ずり

の順にモルタルの素地ごしらえを行う。

**(関連)**パテかいは、へら又はこてを用いて、下地面のくぼみ、すき間、目違いなどの部分を対象として行う。

**問題6**　正しい

**問題7**　正しい

**問題8**　誤り

　<u>外装厚塗材C（スタッコ状）仕上げ</u>の場合、<u>セメント系下地調整厚塗材2種を用いる</u>。合成樹脂エマルション系下地調整塗材は、モルタル、プラスター及びPCパネルの下地調整に使用する。

**問題9**　正しい

**問題10**　誤り

　<u>合成樹脂エマルションパテ</u>は、一般形と耐水形がある。屋外や室内でも湿潤になる場所の下地調整には耐水形といえどもはく離の原因となるので、<u>用いてはならない</u>。

# 5 張り石工事・タイル工事

張り石工事及びタイル工事に関する記述として、**適当**か、**不適当**か、判断しなさい。

### Check ☐☐☐

**問題1**
外壁の張り石工事において、乾式工法は湿式工法と比較して、地震時の躯体の挙動に追従しにくい。

### Check ☐☐☐

**問題2**
外壁の張り石工事において、乾式工法は湿式工法と比較して、石裏と躯体とのあき寸法が大きい。

### Check ☐☐☐

**問題3**
気温が3℃以下になるおそれがあったので、タイル張り施工を中止した。

### Check ☐☐☐

**問題4**
タイル張りに用いる現場調合モルタルは、セメントと細骨材の容積比で調合した。

### Check ☐☐☐

**問題5**
内壁で使う裏足のないタイルは、有機質接着剤を用いて張り付けた。

### Check ☐☐☐

**問題6**
モザイクタイル張りのたたき押えは、紙張りの目地部分がモルタルの水分で濡れてくるまで行った。

### Check ☐☐☐

**問題7**
改良積上げ張りでは、タイルは下部より上部に張り進めた。

### Check ☐☐☐

**問題8**
壁タイル面の伸縮調整目地の位置は、下地コンクリートのひび割れ誘発目地と一致させないようにした。

### Check ☐☐☐

**問題9**
目地モルタルは、目地の深さがタイル厚の1/2以下となるように充填した。

### Check ☐☐☐

**問題10**
大面積の床タイル張りは、目地割りに応じて基準タイル張りを行い、これを定規として張り付けた。

# 解　説

## 問題1　誤り

　地震時に発生する下地の層間変位がそのまま石材に伝わらないように、下地の動きをファスナーに吸収させることによって回避するので、<u>躯体の挙動に追従できる</u>。ファスナーは、アングル、プレート、だぼ及び取付け用のボルト、ナットからなり、外力、重力に対して石材を保持する取付け金物である。

## 問題2　正しい

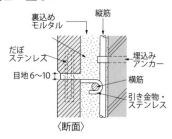

**湿式工法**　　　　　　　　　　**乾式工法**

**(参考)**乾式工法は湿式工法と比較して、台車等の衝突で張り石が破損しやすい。また、白華現象、凍結による被害を受けにくい。

## 問題3〜7　正しい

**(関連)改良圧着張り**とは、モルタル下地面に張付けモルタルを塗り、モルタルが軟らかいうちにタイル裏面に同じモルタルを塗ってタイルを張り付ける工法である。

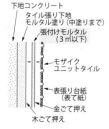

モザイクタイル張り

## 問題8　誤り

　タイル張り壁面の**伸縮調整目地**は、有効に機能させるために、<u>コンクリート躯体のひび割れ誘発目地・水平打継ぎ目地及びモルタル下地の伸縮調整目地</u>と**一致**させる。

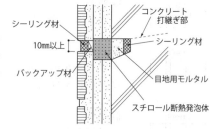

## 問題9　正しい

**(関連)目地詰め**は、タイル張付け後、少なくとも**24時間（1日）以上**経過後、水湿しをしてから充てんする。

## 問題10　正しい

# 6 建具工事

## 6-1

建具工事に関する記述として、**適当**か、**不適当**か、判断しなさい。

〈アルミニウム製建具工事〉

Check ☐☐☐

**問題1**

建具は木製くさび等を用いて仮止めし、建具のアンカーをコンクリートに埋込まれたアンカーに溶接した。

Check ☐☐☐

**問題2**

モルタルに接する箇所に、耐酸塗料を塗布した。

Check ☐☐☐

**問題3**

建具枠周囲の充填に、容積比でセメント1：砂3の調合モルタルを用いた。

Check ☐☐☐

**問題4**

建具隅部の小ねじ留めの位置は、水が溜まりやすい部分を避けた。

Check ☐☐☐

**問題5**

引違い建具のすれ合う部分や振れ止め、戸当たりの類は鋼製とした。

〈木製建具工事〉

Check ☐☐☐

**問題6**

フラッシュ戸の反りが発生しないよう、表と裏の面材は同一のものとした。

Check ☐☐☐

**問題7**

かまち戸は、4辺をかまちで組み、鏡板をはめ込んだものである。

Check ☐☐☐

**問題8**

格子戸は、日除けと通風を目的として、縦がまちの間に羽板を取り付けたものである。

Check ☐☐☐

**問題9**

ふすまは、骨組の両面にふすま紙を張り、4周に縁をはめ込んだものである。

# 解　説

問題1　正しい

問題2　誤り
　アルミニウム材がモルタル等のアルカリ性材料に接する箇所には、**耐アルカリ塗装**を施す。

問題3　正しい
問題4　正しい
(関連)加工及び組立てにおいて、**隅部の突付け小ねじ締め部分**などの雨水浸入のおそれのある接合部には、**シーリング材**等で漏水を防ぐ。

問題5　誤り
　引違い建具のすれ合う部分や振れ止め、戸当たりの類は、合成樹脂の1つである**ポリアミド樹脂（ナイロンの一般名）**が用いられる。

問題6　正しい
問題7　正しい
(参考)板戸における、かまちと桟の間にはめ込んで配する一枚板を、**鏡板**という。

問題8　誤り
　**格子戸**は、日除けと通風を目的として、格子を組み込んだ建具である。内側にガラスをはめ込むものもある。縦がまちの間に木製やプラスチック製の羽板を狭い幅で一定間隔に取り付けたものはルーバーである。

問題9　正しい
(参考)●**障子**は、周囲にかまちを回し、縦横に細かい組子を設け、これに障子紙を張ったものである。
　　　●フラッシュ戸の表面と周囲をふすまと同様に仕上げたものを、**戸ぶすま**という。

(参考)ガラス工事
- **ガラススクリーン構法**の方立ガラスの小口は、磨き仕上げとする。
- **グレイジングチャンネル**の継ぎ合わせ位置は、ガラスの上辺中央部とする。
- 外部に面するサッシに**網入板ガラス**を用いる場合、ガラスの下辺小口及び縦小口の下端より1/4の高さまで**防錆処置**を行う。
- 外部に面するサッシに**複層ガラス**を用いた場合、建具の下枠内に**水抜き穴**を設ける。

## 6-2

建具金物に関する記述として、**適当**か、**不適当**か、判断しなさい。

**Check**

### 問題1
サムターンは、引き違い戸の閉鎖を保持する締り金物である。

**Check**

### 問題2
ドアクローザは、開き戸の自閉機能と閉鎖速度制御機能を持つ金物である。

**Check**

### 問題3
金属ばねと緩衝油の作用により戸を自閉する床用のヒンジを、ピボットヒンジという。

**Check**

### 問題4
丁番は、開き戸を支持し、その開閉動作を円滑にする機能を持つ金物である。

**Check**

### 問題5
握り玉の中心にシリンダーが組み込まれた錠を、モノロックという。

**Check**

### 問題6
ラッチボルトのみを有し、鍵を用いないで開閉できる錠を、空錠（そら）という。

**Check**

### 問題7
複数の異なった鍵で特定の錠を解錠できるシステムを、逆マスターキーシステムという。

**Check**

### 問題8
かぎ付クレセント錠を、外部に面する引違いサッシに使用した。

**Check**

### 問題9
シリンダー箱錠を、外部に面する片開き戸に使用した。

**Check**

### 問題10
かま錠を、洋室両開き戸に使用した。

**Check**

### 問題11
戸当りは、戸が直接壁又は建具枠に当たり、それらを傷つけることを防止するための衝撃緩衝金物である。

4

施工（仕上げ工事）

# 解　説

**問題1**　誤り

　サムターンは、鍵を使用しないで手動で回転させ施解錠する部品で、開き戸に用いられ、主に室内側に取り付ける。

**問題2**　正しい

**問題3**　誤り

　ピボットヒンジとは、戸を上下から軸で支える機構で、持出し吊り（ヒンジの軸心が戸面から外にある）と中心吊り（ヒンジの軸心が戸厚の中心にある）がある。金属ばねと緩衝油の作用により戸を自閉する床用のヒンジは、フロアヒンジという。

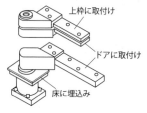

上枠に取付け
ドアに取付け
床に埋込み

ピボットヒンジ

**問題4〜9**　正しい

**問題10**　誤り

　かま錠は、引戸に用いられる錠前で、鎌状のボルトの先端を回転させて、戸当りの受け座に引掛けて錠をかける方式である。開き戸には用いない。

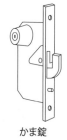

かま錠

**問題11**　正しい

〈参考：防火シャッターの各部材の一般的な取付け手順〉

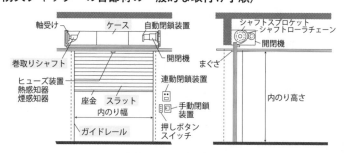

軸受け　　ケース　　自動閉鎖装置
巻取りシャフト　　　　　　　開閉機
ヒューズ装置
熱感知器
煙感知器
座金　スラット
内のり幅
連動閉鎖装置
手動閉鎖
装置
ガイドレール
押しボタン
スイッチ

シャフトスプロケット
シャフトローラチェーン
開閉機
まぐさ
内のり高さ

重量シャッター取付け図

　防火シャッターの各部材の取付けは、一般に、

　**巻取りシャフト → スラットの吊込み → ガイドレール → ケース**、
の手順で行う。

# 7　木工事

内装木工事に関する記述として、**適当**か、**不適当**か、判断しなさい。

**Check**
☐ ☐ ☐

**問題1**
　角材の両面仕上げの削りしろは、5㎜とした。

**Check**
☐ ☐ ☐

**問題2**
　敷居、鴨居の溝じゃくりは、木裏側に行った。

**Check**
☐ ☐ ☐

**問題3**
　幅木の出隅は、見付け留めとした。

**Check**
☐ ☐ ☐

**問題4**
　木製三方枠の戸当りは、つけひばたとした。

**Check**
☐ ☐ ☐

**問題5**
　サッシの額縁には、ボードを差し込むための壁じゃくりを付けた。

**Check**
☐ ☐ ☐

**問題6**
　コンクリート床に取り付ける転ばし大引のアンカーボルトは、あと施工アンカーとした。

**Check**
☐ ☐ ☐

**問題7**
　転ばし大引の継手は、相欠き継ぎとした。

**Check**
☐ ☐ ☐

**問題8**
　湿気のおそれのあるコンクリート壁面への木れんがの取付けは、酢酸ビニル樹脂系溶剤形の木れんが用接着剤による接着工法とした。

**Check**
☐ ☐ ☐

**問題9**
　釘の長さは、打ち付ける板材の厚さの2.5倍とした。

# 解　説

**問題1**　正しい

**問題2**　誤り

　木表側は収縮性が大きく、木裏側を凸面に変形する性質があるので、**敷居、鴨居**の溝じゃくりは、**木表側**に行う。木裏側に行うと、引き違い戸の開け閉めがスムーズに行かずに動かなくなる。

| 部位 | 反りぐせ | 使い勝手 |
|------|---------|---------|
| 鴨居 | 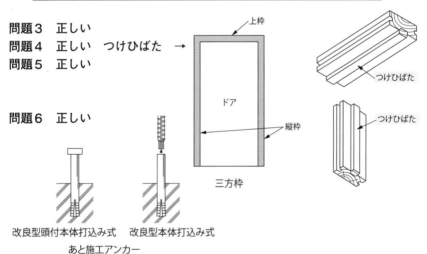 | 木裏 / 木表 |
| 敷居 | | 木表 / 木裏 |

**問題3**　正しい
**問題4**　正しい　　つけひばた　→
**問題5**　正しい

**問題6**　正しい

改良型頭付本体打込み式　　改良型本体打込み式
あと施工アンカー

上枠
ドア
縦枠
三方枠

つけひばた
つけひばた

**問題7**　正しい

**問題8**　誤り

　**湿気のおそれ**のあるコンクリート壁面の場合、**木れんが**の取付けに用いる接着剤は、酢酸ビニル系では剥がれるおそれがあるので、**エポキシ樹脂系**を使用する。

**問題9**　正しい

# 8 金属工事

軽量鉄骨天井下地に関する記述として、**適当**か、**不適当**か、判断しなさい。

**Check** ☐☐☐
### 問題1
野縁受けの吊りボルトの間隔は900mmとした。

**Check** ☐☐☐
### 問題2
天井ふところが1,200mmだったので、吊りボルトの振れ止め補強は行わなかった。

**Check** ☐☐☐
### 問題3
改修工事において、吊りボルトのアンカーとして、あと施工アンカーを用いた。

**Check** ☐☐☐
### 問題4
ボード1枚張りなので、野縁の間隔は450mmとした。

**Check** ☐☐☐
### 問題5
下地張りがなく野縁が壁に平行する場合、壁ぎわの野縁にはシングル野縁を使用する。

**Check** ☐☐☐
### 問題6
野縁の継手位置は、千鳥状になるように配置する。

**Check** ☐☐☐
### 問題7
野縁と野縁受けの留付けクリップは、交互に向きを変えて留め付ける。

**Check** ☐☐☐
### 問題8
照明器具の開口のために、野縁又は野縁受けを切断する場合は、同材で補強する。

**Check** ☐☐☐
### 問題9
改修工事において、照明器具取付け用の開口部の野縁の切断は、ガスによる溶断を行った。

**Check** ☐☐☐
### 問題10
下り壁を境として、天井に500mmの段違いがあったので、斜め補強を行った。

4

施工（仕上げ工事）

# 解　説

問題1　正しい

(関連)吊りボルトの**取付け用インサート**は、**鋼製**のも
　　　のを使用する。

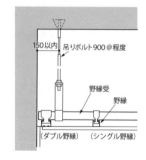

問題2　正しい

問題3　正しい

問題4　誤り

　　**ボード1枚張り**の野縁の間隔は、ボードの1辺の長さが600㎜程度以下の場
合は300㎜程度、455㎜程度以下の場合は、455／2程度以下とする。

| 種　　類 | | 間隔（㎜） |
|---|---|---|
| ボード類2枚張り | | 360 程度 |
| ボード類**1枚張り** | ボード類の1辺の長さが 600 程度以下の場合 | 300 程度 |
| | ボード類の1辺の長さが 455 程度以下の場合 | 455/ 2程度 |

問題5　誤り

　　下地張りがなく野縁が壁に平行する場合、壁ぎわの野縁には**ダブル野縁**を使用
する。下地張りがなく野縁が壁等に突き付く場合の野縁端部のコ形又はL形の金
物は、天井目地の目地底にするとともに、野縁の通りをよくするためのものであ
る。

問題6　正しい

問題7　正しい

問題8　正しい

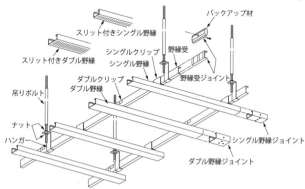

問題9　誤り

　　照明器具取付け用の開口部の野縁の切断は、ガスによる溶断を行ってはならな
い。野縁を切断した箇所は、強度不足を補うとともに、野縁の乱れを防止するた
めに補強する。

問題10　正しい

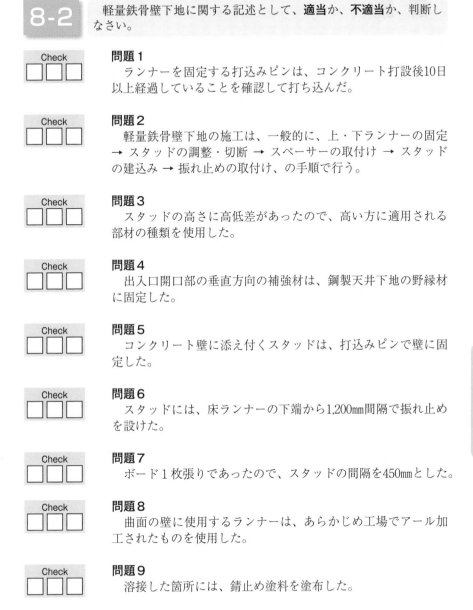

**8-2** 軽量鉄骨壁下地に関する記述として、**適当**か、**不適当**か、判断しなさい。

Check ☐☐☐

**問題1**
　ランナーを固定する打込みピンは、コンクリート打設後10日以上経過していることを確認して打ち込んだ。

Check ☐☐☐

**問題2**
　軽量鉄骨壁下地の施工は、一般的に、上・下ランナーの固定 → スタッドの調整・切断 → スペーサーの取付け → スタッドの建込み → 振れ止めの取付け、の手順で行う。

Check ☐☐☐

**問題3**
　スタッドの高さに高低差があったので、高い方に適用される部材の種類を使用した。

Check ☐☐☐

**問題4**
　出入口開口部の垂直方向の補強材は、鋼製天井下地の野縁材に固定した。

Check ☐☐☐

**問題5**
　コンクリート壁に添え付くスタッドは、打込みピンで壁に固定した。

Check ☐☐☐

**問題6**
　スタッドには、床ランナーの下端から1,200mm間隔で振れ止めを設けた。

Check ☐☐☐

**問題7**
　ボード1枚張りであったので、スタッドの間隔を450mmとした。

Check ☐☐☐

**問題8**
　曲面の壁に使用するランナーは、あらかじめ工場でアール加工されたものを使用した。

Check ☐☐☐

**問題9**
　溶接した箇所には、錆止め塗料を塗布した。

# 解　説

**問題1**　正しい

**問題2**　正しい

**(関連)** ● **スタッド**には、ねじれを防止するため、**スペーサー**を取り付ける。

　　　　 ● スペーサーは、スタッドの**建込み前**に取り付ける。

**問題3**　正しい

**問題4**　誤り

　出入口開口部は、垂直方向及び水平方向を**補強材**により補強する。垂直方向の補強材は、床から梁下又はスラブ下に達する長さのものとし、補強材の上下端部は、打込みピン等で固定した金具に添え付け、溶接又はボルトの類で取り付ける。

**(関連)** ● **出入口枠のアンカー**は、開口部**補強材**等に**溶接**又はボルト類で取り付ける。

　　　　 ● そで壁端部は、開口部の垂直方向の補強材と同じ材料をスタッドに溶接等で補強する。

**問題5・6**　正しい

**(関連)** 振れ止めは、フランジ側を**上向き**にして、スタッドに引き通す。

**問題7**　誤り

　スタッドの建込みは、ボード**2枚張り**の場合、スタッドの間隔を **450 mm** 程度とし、ボード **1枚張り**の場合、**300 mm 程度**とする。

**問題8**　正しい

**問題9**　正しい

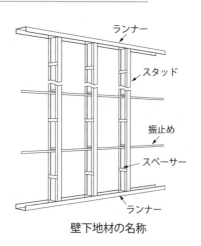

壁下地材の名称

# 9 内装工事

**9-1** 内装工事(床仕上げ)に関する記述として、**適当**か、**不適当**か、判断しなさい。

## 問題1
Check ☐☐☐
ビニル床シートは長めに切断して仮敷きし、24時間以上放置してから張り付けた。

## 問題2
Check ☐☐☐
ビニル床シートの張付けは、空気を押し出すように行い、その後ローラーで圧着した。

## 問題3
Check ☐☐☐
ビニル床シートの継目の熱溶接工法では、シート張付け後、張付け用接着剤が硬化する前に溶接接合を行った。

## 問題4
Check ☐☐☐
ビニル床タイルの張付け用接着剤は、所定のくし目ごてを用いて均一に塗布した。

## 問題5
Check ☐☐☐
ビニル床タイル張りの、施工時の室温が5℃以下になるおそれがあったので、採暖の上、床タイルを張り付けた。

## 問題6
Check ☐☐☐
湿気の影響を受けるモルタル下地の箇所には、酢酸ビニル樹脂系接着剤を用いてビニル床タイルを張り付けた。

## 問題7
Check ☐☐☐
釘打留め工法のフローリングボードの張込みは、根太当たりに雌ざね側より隠し釘打ちとした。

## 問題8
Check ☐☐☐
フローリングボード張りの、モルタル下地への直張りボードの接着剤張り工法には、エポキシ樹脂系接着剤を使用した。

## 問題9
Check ☐☐☐
フローリングボード張りの、体育館の特殊張りでは、下張りの上に接着剤でボードを接着し、隠し釘打ちと木栓穴に脳天釘打ちして張り付けた。

4 施工(仕上げ工事)

133

# 解　説

問題1　正しい

問題2　正しい

問題3　誤り

　　**継目の熱溶接工法**は、床シート張付け後、接着剤が硬化したことを見計らい、溝切りカッター等を用いてはぎ目及び継目に溝切りを行い、熱溶接機を用いて溶接する。

**(参考)** ビニル床シートの継目の熱溶接工法に用いる溶接棒は、床シートと同じ材質のものを用いる。

問題4　正しい

**(参考)** ビニル床タイルの張付けでは、**ローラー**で接着面に気泡が残らないように十分に**圧着**する。

問題5　正しい

**(参考)** **ビニル床材のワックス仕上げ**では、水性ワックスを用いる場合は、モップでむらなく薄く塗り、ワックスが乾いた後に、電動ポリッシャーで磨いてつや出しをする。

問題6　誤り

　　湿気の影響を受けるモルタル下地等の箇所には、**エポキシ系接着剤**を用いて床タイルを張り付ける。エポキシ系接着剤は、高接着力、耐水、耐酸、耐アルカリ、耐薬品等、他の接着剤にない優れた特性がある。

問題7　誤り

　　**釘打留め工法のボードの張込み**は、板の継手を乱にし、通りよく締め付けて敷き並べ、小口のさね肩を損傷しないように、根太に向けて雄ざねの付け根から45°の傾斜に隠し釘で留め付ける。

問題8　正しい

問題9　正しい

**(関連)**

　　フローリングボードに生じた**目違い**は、養生期間を経過したのち、**サンディング**して削り取る。

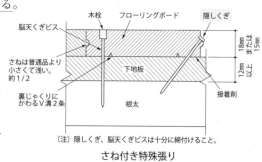

〔注〕隠しくぎ、脳天くぎビスは十分に締付けること。

さね付き特殊張り

内装工事（合成樹脂塗り床）に関する記述として、**適当**か、**不適当**か、判断しなさい。

**Check** ☐☐☐

**問題1**
　施工法には、流しのべ工法、樹脂モルタル工法、コーティング工法及びライニング工法がある。

**Check** ☐☐☐

**問題2**
　コンクリートの表層のぜい弱な部分は、あらかじめ研磨機などで除去する。

**Check** ☐☐☐

**問題3**
　立上り部は、だれを生じないように粘度を調節したペーストを用いる。

**Check** ☐☐☐

**問題4**
　防滑のための骨材の散布は、前工程の塗膜が硬化した後に、むらのないように均一に散布する。

**Check** ☐☐☐

**問題5**
　合成樹脂塗床材の塗重ねは、先に塗布した塗膜が完全に硬化してから行った。

**Check** ☐☐☐

**問題6**
　合成樹脂塗り床のノンスリップ仕上げにおいて、骨材を散布する場合は、塗布したペーストの表面が未硬化の状態のうちに行う。

**Check** ☐☐☐

**問題7**
　ウレタン樹脂系塗り床材は、耐摩耗性が劣る。

**Check** ☐☐☐

**問題8**
　ポリエステル樹脂系塗り床材は、耐酸性に優れる。

**Check** ☐☐☐

**問題9**
　エポキシ樹脂系塗り床材は、低温硬化性が劣る。

**Check** ☐☐☐

**問題10**
　アクリル樹脂系塗り床材は、鮮明な着色塗膜が得られる。

**Check** ☐☐☐

**問題11**
　無溶剤形エポキシ樹脂塗り床の流しのべ工法において、主剤と硬化剤の1回の練混ぜ量は、2時間で使い切れる量とした。

# 解　説

問題1　正しい

問題2　正しい

(参考)コンクリート下地に油分等が付着している場合は、**脱脂処理**を行う。

問題3　正しい

問題4　誤り

　樹脂ペースト塗布後、骨材を散布して硬化後余剰の骨材を除去する方法が従来から広く適用されているが、樹脂ペーストのかぶりが不均一になりやすい傾向が見られる。対策として、下塗り（前工程）の塗膜が**硬化する前**にむらのないように均一に散布する。

問題5　誤り

　合成樹脂塗床材の塗重ねは、前工程で塗布された材料が硬化、乾燥して歩行可能な状態になっていることが必要であるが、一定時間以上放置すると次の材料が付着しにくい材料もあるので、完全に**硬化**してから**行ってはならない**。

(参考)塗継ぎ箇所には養生用テープで見切り線を付け、所定の時間内に塗り継ぐ。

問題6　正しい

問題7　誤り

　**ウレタン樹脂系**は、耐摩耗性・耐水性に優れ、弾力性・衝撃性に優れているが、高湿度下で発泡しやすく、黄変しやすく、汚れが付着しやすい。一般事務所、一般倉庫、防塵床等に用いられる。

問題8　正しい

問題9　正しい

(参考)施工場所の気温が**5℃以下**の場合や、湿度が**85％以上**の場合等は、施工を**中止**する。

問題10　正しい

問題11　誤り

　無溶剤形エポキシ樹脂塗り床等の樹脂における主剤と硬化剤の**1回の練混ぜ量**は、通常**30分以内に使い切れる量**とする。　夏期は硬化反応が早くなるので、これよりも短時間に可使時間を設定することが望ましい。

内装工事(カーペット敷)に関する記述として、**適当**か、**不適当**か、判断しなさい。

**Check**

**問題1**
　だんつうは、パイルを波状に並べてゴムなどの下地材に接着固定した敷物である。

**Check**

**問題2**
　ウィルトンカーペットのはぎ合わせは、手縫いでつづり縫いとした。

**Check**

**問題3**
　ウィルトンカーペットの継目部の接合は、ヒートボンド工法を用いた。

**Check**

**問題4**
　タフテッドカーペットは、機械刺しゅう敷物である。

**Check**

**問題5**
　タフテッドカーペットの敷込みに、全面接着工法を用いた。

**Check**

**問題6**
　ニードルパンチカーペットは、綿状の繊維で基布を挟み、針で刺して上下の繊維を絡ませた敷物である。

**Check**

**問題7**
　タイルカーペットは、バッキング材で裏打ちしたタイル状敷物である。

**Check**

**問題8**
　タイルカーペットの目地は、フリーアクセスフロアの床パネルの目地とずらして割り付けた。

**Check**

**問題9**
　グリッパー工法における下敷き材のフェルトの端部は、グリッパーに重ねて固定した。

**Check**

**問題10**
　カーペットの置敷き工法は、一般に、既に床仕上げがなされている部屋に敷かれるもので、中敷きやピース敷きがある。

**Check**

**問題11**
　床仕上げをした部屋のカーペットは、置敷き工法とした。

4

施工(仕上げ工事)

# 解　説

**問題1**　誤り

　<u>だんつう</u>は、<u>厚手の織物類でカーペットの一種である</u>。床敷用、装飾用として一般に手織りのものをいう。

**問題2**　正しい

**(参考)** ウィルトンカーペットの接合部分の**切揃え**は、接合部を織目に沿ってはさみで切りそろえた後、両端を突き合わせて接合部に不自然な線がないことを確認して接合する。

**問題3**　正しい
**問題4**　正しい
**問題5**　正しい

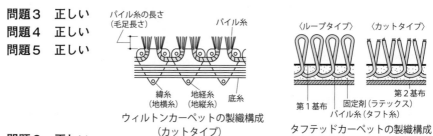

パイル糸の長さ（毛足長さ）　パイル糸
緯糸（地横糸）　地経糸（地縦糸）　底糸
ウィルトンカーペットの製織構成（カットタイプ）

〈ループタイプ〉　〈カットタイプ〉
第1基布　固定剤(ラテックス)　第2基布　パイル糸(タフト糸)
タフテッドカーペットの製織構成

**問題6**　正しい
**問題7**　正しい

**(参考)** タイルカーペットの張付けは、**市松張り**を原則とする。

**問題8**　正しい

**問題9**　誤り

　<u>グリッパー工法</u>における下敷き材のフェルトは、グリッパーの厚さと同等とし、その納まりは突き付けて敷き込み、<u>下敷き材のフェルトの端部は、グリッパーに重ねてはならない</u>。

**(参考)** <u>下敷用フェルトの継目</u>は、**突き付け**とし、隙間なく敷き込み、要所を接着剤又は釘で留め付ける。

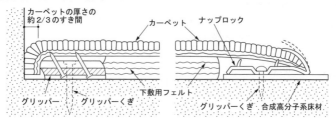

カーペットの厚さの約2/3のすき間　カーペット　ナップロック
グリッパー　グリッパーくぎ　下敷用フェルト　グリッパーくぎ　合成高分子系床材

**問題10**　正しい
**問題11**　正しい

内装工事(壁仕上げ)に関する記述として、**適当**か、**不適当**か、判断しなさい。

**Check** ☐☐☐

**問題1**
　せっこうボードのせっこう系接着材直張り工法において、張付け用接着材の1回の練り混ぜ量は、1時間で使い切る量とした。

**Check** ☐☐☐

**問題2**
　せっこうボードのせっこう系接着材直張り工法において、張付け用接着材の塗付け間隔は、ボードの中央部より周辺部を大きくした。

**Check** ☐☐☐

**問題3**
　壁紙張りにおいて、下地のあくなどが表面に浮き出るのを防止するため、下地処理にシーラーを使用した。

**Check** ☐☐☐

**問題4**
　壁紙張りにおいて、ビス頭の防錆処理は、下地調整においてシーラー塗りを行うので省略した。

**Check** ☐☐☐

**問題5**
　壁紙張りにおいて、重ね張りとする壁紙は、強い光の入る側から張り出した。

**Check** ☐☐☐

**問題6**
　壁紙張りにおいて、下地がせっこうボードであったので、下敷きを用いて重ね切りした。

**Check** ☐☐☐

**問題7**
　せっこうボードをせっこう系接着材で直張りした後、直ちに壁紙張りを行った。

**Check** ☐☐☐

**問題8**
　壁紙の張上げ後は、通風と日射を避けて接着剤を自然乾燥させた。

**Check** ☐☐☐

**問題9**
　壁紙の表面に付着した接着剤は、張り終わった箇所ごとに清浄な湿布で直ちにふき取った。

**Check** ☐☐☐

**問題10**
　壁紙張りの施工中、室温が低温になるおそれがあったので採暖の措置をとった。

# 解　説

**問題1**　正しい

**問題2**　誤り

　張付け用接着材の**塗付け間隔**は、ボード周辺部では 150 〜 200 ㎜、床上 1.2 m 以下の部分では 200 〜 250 ㎜、床上 1.2 m を超える部分では 250 〜 300 ㎜であり、ボードの中央部より**周辺部**を**小さく**しなければならない。

**(参考)**　●ポリスチレンフォームの断熱材下地面には、プライマー処理を行う。
　　　　　●ボードの不陸調整は、定規でボードの表面をたたきながら行う。

**問題3**　正しい

**(参考)**素地面の見え透くおそれのある壁紙を張る場合、シーラーを塗布することにより、素地面の色違いを修正することができる。

**問題4**　誤り

　下地調整においてシーラー塗りを行う場合でも、ビス等の頭の**防錆処理**は行わなければならない。ビスや釘等の頭は防錆処理を行うとともに、下地面より沈め、その凹凸部はパテ付けを行い、硬化後にサンドペーパーで平滑にする。

**問題5**　正しい

**問題6**　正しい

**問題7**　誤り

　せっこうボードを**せっこう系接着材**で直張りした場合は、接着材の乾燥が遅いので、十分な**養生時間**を取ってから壁紙張りを行う。特に通気性のないビニルクロス等とする場合は、ボードの表面が湿り、接着材が腐敗し、変色してクロスに汚れ等が生じる。

**問題8**　正しい

**(参考)**

　**接着剤**は、でん粉系接着剤と合成樹脂系接着剤を混合したものを用いる。

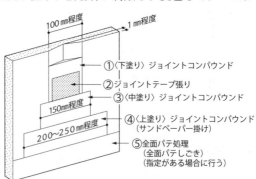

**テーパー付きせっこうボードの継目処理工法**

**問題9**　正しい

**問題10**　正しい

# 10  その他の仕上げ工事

## 10-1

仕上げ工事に関する記述として、**適当**か、**不適当**か、判断しなさい。

### 〈断熱材の打込み工法〉

Check ☐☐☐

**問題1**
　断熱材の継目は、コンクリートの流出を防ぐため、テープ張りをする。

Check ☐☐☐

**問題2**
　断熱材をコンクリートに打ち込む場合、断熱材の継目は、型枠の継目を避けて割り付けた。

Check ☐☐☐

**問題3**
　断熱材と躯体が密着しにくいので、内部結露が生じやすい。

Check ☐☐☐

**問題4**
　セパレーターなどが断熱材を貫通する部分は、断熱材の補修を行う必要がある。

### 〈ALCパネル面の仕上工事〉

Check ☐☐☐

**問題5**
　ALCパネル面は、シーラーを全面に塗り付けた後に、下地調整塗りを行った。

Check ☐☐☐

**問題6**
　ALCパネル面についた損傷の補修には、ALCパネル専用の補修モルタルを用いた。

Check ☐☐☐

**問題7**
　ALCパネル面に仕上塗材仕上げを行うので、付着したぜい弱な粉化物は圧搾空気で除去した。

Check ☐☐☐

**問題8**
　ALCパネル面にせっこうボードをせっこう系接着材で直張りするので、張り付けに先立ち下地の吸水調整を行った。

Check ☐☐☐

**問題9**
　ALCパネル面の改質アスファルトシート防水におけるプライマーは、目止めなしの1回塗りとした。

# 解 説

問題1　正しい

問題2　正しい

問題3　誤り

　打込み工法は、先付け工法あるいは先やり工法とも呼ばれ、断熱材をあらかじめ型枠内面に仮付けしておき、コンクリートを打ち込むため、<u>断熱材と躯体が密着しやすく、内部結露や剥がれる心配が少ない</u>。

(**参考**)その他に、打込み工法の特徴としては、

- 工期の短縮・コストの節減がはかれる。
- 通常の型枠大工で施工できるが、建込み時において精度が要求される。
- 打込み後のコンクリート面の確認が困難である。

等が挙げられている。

問題4　正しい

問題5　正しい

問題6　正しい

問題7　正しい

問題8　正しい

問題9　誤り

　ＡＬＣパネル下地の場合、改質アスファルトシート防水におけるプライマーは、<u>所定量をはけ等により**2回に分けて**塗布する</u>。2回目の塗布は、1回目に塗布したプライマーが乾燥したことを確認した後に行う。

(**参考**)　ＡＬＣパネル面の吸込止め処理には、一般に合成樹脂エマルションシーラーを用いる。

仕上げ工事に関する記述として、**適当**か、**不適当**か、判断しなさい。

## 〈カーテン・ブラインド工事〉

Check ☐☐☐
**問題1**
　防炎加工されたカーテンは、洗濯方法と防炎再処理の必要度の違いにより種類分けされている。

Check ☐☐☐
**問題2**
　ケースメントカーテンは、厚地であり、遮光、遮へい、保温、吸音などの目的で用いられる。

Check ☐☐☐
**問題3**
　遮光用（暗幕用）カーテンの下端は、窓の下枠より400〜500mm程度長く仕上げる。

Check ☐☐☐
**問題4**
　カーテンボックスの幅は、窓幅に対して、一般に片側各々100〜150mm程度伸ばす。

Check ☐☐☐
**問題5**
　ベネシャンブラインドの手動の操作形式は、ギヤ式、コード式及び操作棒式に分類される。

## 〈外壁の押出成形セメント板張り〉

Check ☐☐☐
**問題6**
　パネルは表裏を小口表示で確認し、通りよく建て込んだ。

Check ☐☐☐
**問題7**
　パネルの取付け金物（Zクリップ）は、下地鋼材にかかりしろを30mm以上確保して取り付けた。

Check ☐☐☐
**問題8**
　パネルの取付け金物（Zクリップ）は、取付けボルトがルーズホールの中心に位置するように取り付けた。

Check ☐☐☐
**問題9**
　縦張り工法において、パネルの取付け金物（Zクリップ）は、パネルがスライドできるように取り付けた。

Check ☐☐☐
**問題10**
　横張り工法において、パネル積上げ枚数2〜3枚ごとに自重受け金物を取り付けた。

4 施工（仕上げ工事）

# 解　説

**問題1　正しい**

**問題2　誤り**
　**ケースメントカーテン**は、適当な透視性と遮蔽性があり、目の粗い織物でレースに似た性能があるが、レースより厚手で暖かいムードを持っている。デザイン性が高く、通常一重吊とする。

**問題3　正しい**
**問題4　正しい**
**問題5　正しい**

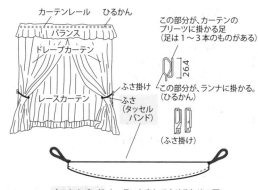

カーテンなどの部分名称（単位：mm）

**問題6　正しい**
**問題7　正しい**
（関連）
　**鉄骨造**の場合は**溶接**により、安全性を確認し取り付ける。

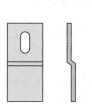

Ｚクリップ

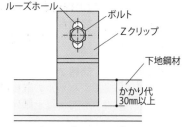

Ｚクリップのかかり代

**問題8　正しい**
**問題9　誤り**
　Ｚクリップは、**縦張り工法**では、パネルが**ロッキング**できるように、また、横張り工法では、パネルにスライドできるように堅固に取り付ける。
　**（関連）**●**縦張り工法**の場合、パネル間の**横目地**の**目地幅**は**15mm以上**とする。
　　　　　●出隅及び入隅のパネル接合目地は、**伸縮調整目地**とする。

**問題10　正しい**

# 5

# 施工管理法

## 1 施工計画

**1-1** 事前調査等に関する記述として、**適当**か、**不適当**か、判断しなさい。

Check ☐☐☐

**問題1**
地盤調査報告書はあったが、現場の地下水位の状況を確認した。

Check ☐☐☐

**問題2**
既存の地下埋設物に対する既存の図面があったが、事前に掘削調査を行うこととした。

Check ☐☐☐

**問題3**
総合仮設計画においては、電柱及び架空電線の現状調査を行う。

Check ☐☐☐

**問題4**
根切り工事計画においては、前面道路や敷地境界の高低の現状調査を行う。

Check ☐☐☐

**問題5**
場所打ちコンクリート杭工事計画においては、敷地内の地中障害物の有無の調査を行う。

Check ☐☐☐

**問題6**
鉄骨の搬入があるので、製作工場から現場までの搬入経路を調査した。

Check ☐☐☐

**問題7**
鉄骨建方計画においては、日影に関する近隣への影響調査を行う。

Check ☐☐☐

**問題8**
工事予定の建物による電波障害に関する調査は済んでいたので、タワークレーン設置による影響の確認を省いた。

# 解 説

**問題1　正しい**

　地盤調査報告書は、設計をするために行う敷地の一部分の試料なので、地下工事前に数箇所でのボーリングや試掘による地下水位の状況等を確認する必要がある。

**問題2　正しい**

（関連）掘削中に地下水を揚水する場合、周辺の井戸の有無、使用状況を調査する。

**問題3　正しい**

　**総合仮設計画**において、電柱及び架空電線の現状調査は、搬入路の位置、建設機械・重機の搬出入、建設予定の建物や足場・クレーンなどの揚重機等に関係してくるので必要である。

（関連）工事用大型車両の場合、道路制限等が影響するので、敷地までの通行経路における道路幅員や架空電線の有無の調査を行う。

**問題4　正しい**

　**根切り工事計画**において、前面道路や敷地境界の高低の現状調査は、根切りの残土搬出や山留め計画のうえで、施工方法等にも影響するので必要である。

**問題5　正しい**

　**場所打ちコンクリート杭工事計画**において、敷地内の地中障害物の有無の調査は、杭の施工機械の選定や杭の打設が所定の場所に可能か否かの影響を与えるので必要である。

**問題6　正しい**

　機材搬入に使用できる車両の大きさの限界を調査する必要があり、鉄骨の搬入の場合、道路制限等が影響するので、製作工場から現場までの搬入経路も調査する必要がある。

**問題7　誤り**

　日影や電波障害等に関する近隣への影響調査は、**設計をする際**に設計者が**検討すべき内容**なので、鉄骨建方計画段階に、調査するものではない。

**問題8　誤り**

　工事予定の建物による**電波障害**に関する調査は、建設する建物のものであり、タワークレーンや足場の設置による**影響があり得る**ので**確認**をしなければならない。

仮設計画（総合仮設計画）に関する記述として、**適当**か、**不適当**か、判断しなさい。

**Check** ☐☐☐

## 問題1
仮囲いは、工事現場の周辺の状況が、危害防止上支障がない場合であっても、必ず設ける。

**Check** ☐☐☐

## 問題2
仮囲いは、工事期間に見合った耐力を有し、強風を受けても倒れない構造とする。

**Check** ☐☐☐

## 問題3
仮囲いは、高さ1.8m以上とする。

**Check** ☐☐☐

## 問題4
所定の高さを有し、かつ、危害を十分防止し得る既存の塀などがある場合でも、それを仮囲いに代用してはならない。

**Check** ☐☐☐

## 問題5
仮囲いには、合板パネルなどの木製材料を使用してもよい。

**Check** ☐☐☐

## 問題6
ハンガー式門扉は、重量と風圧を軽減するため、上部に網を張る構造とすることとした。

**Check** ☐☐☐

## 問題7
ゲートの位置は、前面道路の状況や場内動線等との関連を考慮して決定する。

**Check** ☐☐☐

## 問題8
守衛所は、出入口が数か所となるので、メインの出入口に設置し、その他は立哨所程度とすることとした。

**Check** ☐☐☐

## 問題9
作業員詰所は、職種数や作業員の増減に対応するため大部屋方式とすることとした。

**Check** ☐☐☐

## 問題10
工事用の事務所が、敷地に余裕がなく止むを得ず作業場から離れる場合には、作業場内に出先連絡所を設ける。

# 解 説

**問題1** 誤り

施行令のただし書に、「これらと同等以上の効力を有する他の囲いがある場合又は工事現場の周辺若しくは工事の状況により危害防止上支障がない場合においては、この限りでない」とあり、仮囲いは、**支障のない場合**は**設けなくてよい**。

**問題2** 正しい
**問題3** 正しい

**問題4** 誤り

工事を行う場合においては、工事期間中工事現場の周囲にその地盤面からの高さが**1.8m以上**の板塀その他これに類する仮囲いを設けなければならない。ただし、これらと同等以上の効力を有する他の囲いがある場合又は工事現場の周辺若しくは工事の状況により危害防止上支障がない場合においては、この限りではないとあり、ただし書のように**代用してもよい**。

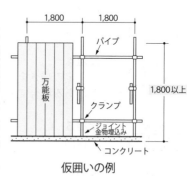

仮囲いの例

**(関連)** 傾斜地等で鋼板製仮囲いの下端に生じた**すき間**は、安全上、木製の幅木または土台コンクリート等で**完全にふさぐ**。

**問題5** 正しい
**問題6** 正しい
**問題7** 正しい
**問題8** 正しい
**問題9** 正しい
**(参考)** 作業員詰所は、できるだけ工事用の事務所の近くで、連絡や管理がしやすい位置に設ける。

**問題10** 正しい

**【関連】仮設計画を検討する上での位置に関する組合せ**
- 仮囲いの出入口位置 ——————————— 隣接道路の位置
- 仮設足場の防護棚(朝顔)の設置位置 ——— 隣接建物の位置
- 揚重機の設置位置 ——————————— ストックヤードの位置

**1-3** 施工計画書の作成に関する記述として、**適当**か、**不適当**か、判断しなさい。

Check ☐☐☐

**問題1**
基本工程表には、主要な工事項目の日程とともに、検査や承認等の日程を記入する。

Check ☐☐☐

**問題2**
総合施工計画書には、仮設資材、工事用機械の配置状況なども記載する。

Check ☐☐☐

**問題3**
工種別施工計画書は、どの工事にも使えるように、共通的な工法について作成する。

Check ☐☐☐

**問題4**
工種別施工計画書には、品質管理計画、施工要領なども記載する。

Check ☐☐☐

**問題5**
工種別施工計画書は、いかなる工事においても、すべての工種について作成しなければならない。

Check ☐☐☐

**問題6**
工種別施工計画書の作成は、専門工事業者が行うべきものである。

Check ☐☐☐

**問題7**
施工計画書の作成において、使用材料については、商品名、メーカー名などを使用箇所別に記載する。

5 施工管理法

# 解　説

## 問題1　正しい

　**基本工程表**は、工事全体の日程を定める重要な役割を持つため、実施する工事の進捗が理解できる程度、詳細に記載し、工程に合わせて必要になる施工図・見本等の承認、検査、立会等の日程を記入する。

## 問題2　正しい

　**総合施工計画書**は、工事期間中における工事敷地内の仮設資材や工事用機械の配置等を示したものであり、工事がどのような過程で進捗するかを具体的に図面として示すものである。

## 問題3　誤り

　工事の内容・品質に多大な影響を及ぼすと考えられる工事部分については、監理者と協議したうえで、**必要工事部分の工種別施工計画書を作成**し、監理者の承認を受ける。

## 問題4　正しい

　工種別施工計画書には、工程表、品質管理計画書、施工要領書等が含まれ、**品質管理計画、施工要領**等も記載する。

## 問題5　誤り

　工種別施工計画書は、工事監理者の承諾を受けた場合は、すべての工種について作成しなくてもよく、主要な工事については作成する必要がある。

## 問題6　誤り

　工種別施工計画書の作成は、**請負者が行うべきものであり**、専門工事業者への計画伝達書として必要なものである。

## 問題7　正しい

　工種別施工計画書の使用材料については、使用箇所、商品名、メーカー名、規格・品質・性能、数量・種類・材質等を記載する。

建築工事に係る提出書類とその届出先又は申請先との組合せとして、**適当**か、**不適当**か、判断しなさい。

**Check**

**問題1**
　道路使用許可申請書 ──────── 警察署長

**Check**

**問題2**
　道路占用許可申請書 ──────── 道路管理者

**Check**

**問題3**
　建築工事届 ───────────── 都道府県知事

**Check**

**問題4**
　特定建設作業実施届 ──────── 警察署長

**Check**

**問題5**
　特定建設資材を用いた建築物に係る解体工事届
　　　　　　　　　──────── 都道府県知事又は市区町村長

**Check**

**問題6**
　クレーン設置届 ──────── 労働基準監督署長

**Check**

**問題7**
　建設用リフト設置届 ──────── 都道府県知事

# 解 説

問題1 　正しい　　道路使用許可申請書：施工者 ⇨ 警察署長

問題2 　正しい　　道路占用許可申請書：施工者 ⇨ 道路管理者

問題3 　正しい　　建築工事届：建築主 ⇨ 建築主事(経由) ⇨ 都道府県知事
　　　　(関連)建築物除却届：施工者 ⇨ 建築主事(経由) ⇨ 都道府県知事

問題4 　誤り　　特定建設作業実施届：施工者
　　　　　　　　　　　　　　　　⇨(作業開始の7日前まで)⇨ 市町村長
　指定地域内において特定建設作業を伴う建設工事を施工しようとする者は、特定建設作業の開始の日の7日前までに、**市町村長**に届け出なければならない。

問題5 　正しい　　特定建設資材を用いた建築物に係る解体工事届：
　　　　発注者又は自主施工者 ⇨(作業開始の7日前まで)
　　　　　　　　　　　　　　　　　⇨ 都道府県知事又は市区町村長
　　　　(関連)特定建設資材を用いた対象建設工事の届出書
　　　　　　　　　　　　　　　　　⇨ 都道府県知事又は市区町村長

問題6 　正しい　　クレーン設置届：
　　　　　　　事業者 ⇨(設置工事開始日の30日前まで)⇨ 労働基準監督署長

問題7 　誤り　　建設用リフト設置届：事業者 ⇨ 労働基準監督署長
　**建設用リフト**を設置しようとする事業者が、労働安全衛生法第88条第1項の規定による届出をしようとするときは、建設用リフト設置届に建設用リフト明細書、建設用リフトの組立図、別表の上欄に掲げる建設用リフトの種類に応じてそれぞれ同表の下欄に掲げる構造部分の強度計算書及び次の事項を記載した書面を添えて、**所轄労働基準監督署長**に提出しなければならない。

# 2 工程管理

工程管理に関する記述として、**適当**か、**不適当**か、判断しなさい。

Check ☐☐☐
**問題1**
　工程表は、工程計画を図や表で表示したものである。

Check ☐☐☐
**問題2**
　山積工程表は、各作業に必要となる工事資源の数量の変化を表す工程表である。

Check ☐☐☐
**問題3**
　工程計画を立てるにあたっては、季節や天候の影響を考慮する。

Check ☐☐☐
**問題4**
　各作業の所要日数は、工事量を1日の作業量で除して求める。

Check ☐☐☐
**問題5**
　各作業の1日あたりの作業量が均等になるように工程計画を立てる。

Check ☐☐☐
**問題6**
　各工事の施工速度は、工期、品質、経済性、安全性を考慮して設定する必要がある。

Check ☐☐☐
**問題7**
　資材と人員の平準化を図ることが、工程や搬入計画上も有利になる。

Check ☐☐☐
**問題8**
　施工現場における作業の標準化は、新技術の開発を促進することができる。

Check ☐☐☐
**問題9**
　工事の能率は、作業員を集中して投入するほど上がる。

# 解 説

問題1　正しい
問題2　正しい
問題3　正しい
問題4　正しい
問題5　正しい
問題6　正しい
問題7　正しい

**問題8**　誤り

　**作業の標準化**は、施工計画の基本的前提条件である。過去の施工体験を標準化することにより、作業の進み具合や問題点が明確になり、実現可能な施工計画が立てられ、段取りや準備がより確かなものとなり、品質の安定や仕損じの防止が図れる。また、今まで、仕事の完成度と速さは、熟練工の技能差による経験と段取りの方法によるところが大きく、その作業部分を標準化することにより、作業能率の向上を図ることができ、まだ未熟練な作業員に対して、作業方法の指導及び訓練にも有効に利用できる。しかし、作業の標準化のみに維持管理することにより、問題点を解決しようとする意欲は半減される。作業の標準化の目的は、<u>ムダ等を省くこと</u>であり、<u>新技術の開発を促進することが目的ではない</u>。

**問題9**　誤り

　**工事の能率**は、作業員の一人当たりの作業能率を把握したうえで、工事の規模に応じて作業員を配置することが重要であり、効率向上につながる。ただし、<u>作業員を集中して投入しても作業能率が上がるものではない</u>。

**（参考）**
**工程計画の立案段階における検討事項**
- 敷地の所在する地域の天候予想
- 現場周辺の行事や催しの日程
- 使用可能な前面道路の幅員や交通規制等
- 地域による労務、資材、機材の調達状況
　※内装工事の細部の納まり、工事施工図の作成などは該当しない

## 2-2

アロー型ネットワークに関する記述として、**適当**か、**不適当**か、判断しなさい。

Check ☐☐☐

**問題1**
　イベントノードとは、作業と作業を結合する点及び工程の開始点又は終了点をいう。

Check ☐☐☐

**問題2**
　アクティビティとは、工事の工程を分割してできる工事活動の単位をいう。

Check ☐☐☐

**問題3**
　ダミーとは、工程の最後に入れる予備日をいう。

Check ☐☐☐

**問題4**
　ESTとは、工期に影響のない範囲で作業を最も遅く開始してもよい時刻のことである。

Check ☐☐☐

**問題5**
　フロートとは、作業の余裕時間のことである。

Check ☐☐☐

**問題6**
　クリティカルパスとは、開始結合点から終了結合点に至るまでの所要時間の合計が最も長いパスをいう。

## 2-3

バーチャート工程表に関する記述として、**適当**か、**不適当**か、判断しなさい。

Check ☐☐☐

**問題7**
　各作業の関連性を明確にするために作られるものである。

Check ☐☐☐

**問題8**
　工事を構成する作業を縦に列記し、工期の時間的経過を横軸にして表す。

Check ☐☐☐

**問題9**
　各作業の開始時期、終了時期及び所要日数を把握することができる。

Check ☐☐☐

**問題10**
　出来高の累計を重ねて表現すれば、工事出来高の進ちょく状況を併せて把握しやすい。

# 解 説

**問題1** 正しい

**問題2** 正しい

**問題3** 誤り

　ダミーとは、正しく表現できない作業の相互関係を図示するために用いる矢線で、時間の要素を含まない。

**問題4** 誤り

　ＥＳＴとは、**最早開始時刻**のことで、作業が最も早く着手できる時刻である。

**問題5** 正しい

**問題6** 正しい

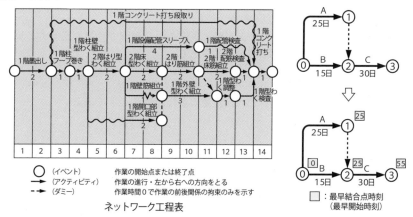

ネットワーク工程表

| 記号 | 名称 | 説明 |
|---|---|---|
| ○ | （イベント） | 作業の開始点または終了点 |
| → | （アクティビティ） | 作業の進行・左から右への方向をとる |
| --→ | （ダミー） | 作業時間０で作業の前後関係の拘束のみを示す |

□：最早結合点時刻
（最早開始時刻）

**(参考)** パスとは、ネットワークの中で２つ以上の作業の連なりのことである。

**問題7** 誤り

　**バーチャート工程表**は、縦軸に各工事・作業を列挙して、横軸に日数や暦日をとった図の中に、それぞれの作業や工事の実施期間を横線で記入したものである。作業の開始日、終了日、所要日数がわかりやすい。また、ある日に行われている作業や工事が一目でわかるが、ネットワーク工程表のように、**各作業の関連性を明確にすることはできない。**

**問題8** 正しい

**問題9** 正しい

**問題10** 正しい

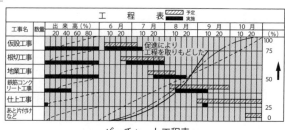

バーチャート工程表

# 3 品質管理

建築施工の品質に関する記述として、**適当**か、**不適当**か、判断しなさい。

Check
☐☐☐

### 問題 1
品質管理とは、品質計画に従って試験又は検査を行うことをいう。

Check
☐☐☐

### 問題 2
施工に伴い検査した結果を、次の計画や設計に生かす。

Check
☐☐☐

### 問題 3
品質計画には、施工の目標とする品質、品質管理の実施方法及び管理の体制等を具体的に記載する。

Check
☐☐☐

### 問題 4
品質を確保するためには、プロセスの最適化を図るより、検査を厳しく行う方がよい。

Check
☐☐☐

### 問題 5
品質計画の目標のレベルにかかわらず、すべての品質について同じレベルで品質管理を行う。

Check
☐☐☐

### 問題 6
作業が施工要領書や作業標準どおりに正しく行われているか否か、チェックし評価する。

Check
☐☐☐

### 問題 7
品質管理を組織的に行うためには、品質管理活動に必要な業務分担、責任及び権限を明確にする。

Check
☐☐☐

### 問題 8
施工に伴い欠陥が生じた場合、その原因を調べ、適切な処置を講ずる。

Check
☐☐☐

### 問題 9
施工の検査等に伴う試験は、試験によらなければ品質及び性能を証明できない場合に行う。

Check
☐☐☐

### 問題10
検査で手直しが出た場合、適切な処理を施し、その原因を検討して同じ欠陥が再発しないように対策を施す。

5
施工管理法

# 解 説

**問題1** 誤り

　**品質管理**とは、製品の品質を一定のものに安定させ、かつ向上させるための様々な管理であり、品質計画に従って**試験**又は**検査**を行うことはその**一部**であり、これのみを品質管理というのではない。

**問題2・3** 正しい

**問題4** 誤り

　品質を確保するためには、試験や検査に重点を置くより、作業そのものを適切に実施する方が重要であり、**プロセス管理**に重点を置いた管理をする。

**問題5** 誤り

　**品質管理**は、全ての品質について同じレベルで行うよりは、**重点指向**により**重点的な管理**等を行うことが要求品質に合致したものを作ることにつながる。

**問題6～10** 正しい

◇◇◇◇◇◇◇◇◇◇◇◇◇◇◇◇◇◇◇◇◇◇◇◇◇◇◇◇◇◇◇◇◇◇◇◇◇◇◇◇◇◇◇◇◇◇◇◇◇◇◇◇◇◇◇◇◇◇◇◇◇◇◇◇

**【関連】品質管理の手法に、関係する用語**
- ●サンプリング：母集団からサンプルを取ること
- ●マトリックス図法：多元的思考によって問題点を明確にする手法
- ●チェックシート：不良数、欠点数等、数えるデータ（計数値）を、分類項目別に集計、整理し、分布が判断しやすく記入できるようにした記録用紙
- ●QA（クォリティ　アシュアランス）：品質保証
- ●QC（クォリティ　コントロール）：品質管理
- ●PDCA（プラン　ドゥ　チェック　アクト）
　　　　　　　　　　　　：品質管理の進め方（計画-実施-検討-改善）

| 日<br>場所 | 1 | 2 | 3 | 4 | 5 | 6 | 7 | 不良数 |
|---|---|---|---|---|---|---|---|---|
| A | レ | レ |  | レ | レレ | レ | レ | 7 |
| B | レレ | レレ | レ | レ | レレ | レ | レ | 10 |
| C | レレ | レ |  |  | レ |  | レ | 5 |
| 不良数 | 5 | 4 | 1 | 2 | 5 | 2 | 3 | 22 |

**マトリックス図法**　　　　　　　**チェックシート**

160

## 3-2

品質管理に関する記述として、**適当**か、**不適当**か、判断しなさい。

### 〈品質管理の用語〉

Check ☐☐☐

**問題1**

ロットとは、異なる条件下で生産された品物の集まりをいう。

Check ☐☐☐

**問題2**

サンプルとは、母集団の情報を得るために、母集団から取られた1つ以上のサンプリング単位をいう。

Check ☐☐☐

**問題3**

ばらつきとは、観測値・測定結果の大きさがそろっていないことをいう。

### 〈施工品質管理表（QC工程表）の作成〉

Check ☐☐☐

**問題4**

工種別又は部位別に作成し、検査の時期、方法、頻度を明示する。

Check ☐☐☐

**問題5**

管理項目は、施工の手順に沿って並べるのではなく、品質の重要度の高い順に並べる。

Check ☐☐☐

**問題6**

管理項目は、重点的に実施すべき項目を取りあげる。

Check ☐☐☐

**問題7**

管理項目ごとに、工事監理者、施工管理者及び専門工事業者のそれぞれの分担を明確にする。

Check ☐☐☐

**問題8**

管理値を外れた場合の処置を明示する。

5

施工管理法

# 解 説

**問題1** 誤り

**ロット**とは、<u>等しい条件下</u>で<u>生産</u>された製品、半製品、原材料等の単位体、又は単位量をある目的をもって集めたものである。

**問題2** 正しい

**(参考)**サンプルに関しての不適合品率とは、不適合アイテムの数を、検査したアイテムの総数で除したものをいう。

**問題3** 正しい

**問題4** 正しい

**問題5** 誤り

**管理項目**は、一連の業務の流れについて、管理する項目と手順等を表にしたものである。施工の手順に沿って並べるべきもので、<u>品質の重要度の**高い順に並べるものではない**</u>。

**問題6** 正しい

**問題7** 正しい

**問題8** 正しい

◇◇◇◇◇◇◇◇◇◇◇◇◇◇◇◇◇◇◇◇◇◇◇◇◇◇◇◇◇◇◇◇◇◇◇◇◇◇◇◇◇◇◇◇◇◇◇◇◇◇◇◇◇◇◇◇◇◇◇◇◇

**【関連】品質管理のための材料等と試験に関する組合せ**
- ●フレッシュコンクリート ——— 塩化物量試験
- ●鉄筋のガス圧接 —————— 引張試験
- ●外装タイルの密着張り ———— 接着力試験

試験及び検査に関する記述として、**適当**か、**不適当**か、判断しなさい。

Check ☐☐☐

**問題1**

コンクリートの調合強度の管理試験の供試体の養生方法を、標準水中養生とした。

Check ☐☐☐

**問題2**

コンクリートの材齢が28日の構造体コンクリート強度推定試験に用いる供試体の養生方法を、現場水中養生とした。

Check ☐☐☐

**問題3**

コンクリートの受入れ検査における圧縮強度試験の試験回数は1検査ロットに1回とし、3個の供試体を用いた。

Check ☐☐☐

**問題4**

鉄骨工事において、吹付けロックウールによる耐火被覆材の施工中の厚さの確認は、ピンを用いて行った。

Check ☐☐☐

**問題5**

鉄骨工事において、溶接部の欠陥のブローホールは、目視で外観検査を行った。

Check ☐☐☐

**問題6**

鉄骨工事において、施工後のスタッド溶接部の検査は、15°打撃曲げ検査で行った。

Check ☐☐☐

**問題7**

鉄骨工事において、トルシア形高力ボルトの締付け検査は、ピンテールの破断とナットの回転量などを目視検査で行った。

Check ☐☐☐

**問題8**

タイル張り工事において、リバウンドハンマーを用いて接着強度試験を行った。

Check ☐☐☐

**問題9**

アスファルト防水工事において、高周波水分計を用いて下地検査を行った。

Check ☐☐☐

**問題10**

塗装工事において、下地モルタル面のアルカリ分の測定は、pHコンパレーターを用いて行った。

施工管理法

# 解　説

**問題1**　正しい
**問題2**　正しい

**問題3**　誤り

受入れ検査における圧縮強度試験の試験回数は、3回の試験で1検査ロットとし、1回の試験では3個用いるので、**計9個**の供試体を用いることになる。

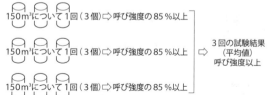

150m³について1回（3個）⇨呼び強度の85％以上
150m³について1回（3個）⇨呼び強度の85％以上
150m³について1回（3個）⇨呼び強度の85％以上

⇨ 3回の試験結果（平均値）呼び強度以上

**問題4**　正しい
**問題5**　誤り

溶接部の欠陥の1つである**ブローホール**は、ガスによって生ずる溶着金属中の球状、又はほぼ球状の空洞ができる内部欠陥なので、**放射線透過試験**又は**超音波探傷試験**により行う。

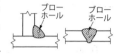

ブローホール　ブローホール

**問題6**　正しい
**問題7**　正しい

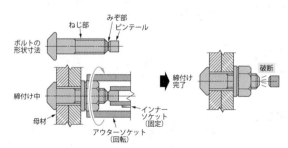

ねじ部　みぞ部　ピンテール
ボルトの形状寸法
締付け中
母材
アウターソケット（回転）
インナーソケット（固定）
締付け完了
破断

トルシア形高力ボルトの本締め

**問題8**　誤り

タイル張り工事の接着強度試験には、建研式引張試験機又は日本建築仕上学会認定の油圧式簡易引張試験機が開発されており、後者の方が軽量であるため、アタッチメントや試験機の質量によって破断することが少なく、低強度まで測定可能である。**リバウンドハンマー**は、**コンクリートの非破壊試験**に用いられる。

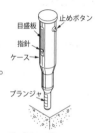

目盛板　止めボタン
指針
ケース
プランジャ

リバウンドハンマー

**問題9**　正しい
**問題10**　正しい

品質管理に関する記述として、**適当**か、**不適当**か、判断しなさい。

## 〈JIS Q 9000 ファミリーによる品質マネジメントシステム〉

Check

### 問題1
　JIS Q 9000 ファミリーによる品質マネジメントシステムにおける要求事項は、異なる利害関係者又は組織自身から出されることがある。

Check

### 問題2
　JIS Q 9000 ファミリーによる品質マネジメントシステムとは、完成した製品の検査・試験の方法に関する規格である。

Check

### 問題3
　JIS Q 9000 ファミリーによる品質マネジメントシステムにおける組織には、要求事項を記述した文書がある。

## 〈材料の保管〉

Check

### 問題4
　酸素・アセチレンなどのボンベ類の貯蔵小屋は、ガスが外部にもれないよう、密閉構造とすることとした。

Check

### 問題5
　アスファルトルーフィングは、湿気の影響を受けにくい場所に立てて保管した。

Check

### 問題6
　袋詰めセメントは、風通しのよい場所に保管した。

Check

### 問題7
　溶剤系のビニル床タイル用接着剤は、換気のよい場所に保管した。

Check

### 問題8
　シーリング材は、直射日光や雨露の当たらない場所に密封して保管した。

5 施工管理法

# 解 説

**問題1　正しい**

**問題2　誤り**
　品質マネジメントシステムは、品質に関する、方針及び目標並びにその目標を達成するためのプロセスを確立するための、相互に関連する又は相互に作用する、組織の一連の要素の一部をいう。完成した製品の検査・試験の方法に関する規格を示すものではない。

**問題3　正しい**

**問題4　誤り**
　酸素・アセチレン等の**ボンベ類の貯蔵小屋**は、**通気をよくする**ために、小屋の一面は開口とし、他の三面は上部に開口部を設ける。

**問題5　正しい**

ボンベ類の貯蔵小屋　　　アスファルトルーフィングの保管

**問題6　誤り**
　**セメント**は、風通しのよい場所で保管すると湿気を吸って固まる。長期間の保存又は湿気等により風化し始めて塊りのあるようなセメントは、強度が発現せず、強度不足等の原因となるので使用してはならない。

**問題7　正しい**
**問題8　正しい**

## 【関連】材料の保管
- **アルミニウム製建具**は、立置きとし、必要に応じて養生を行い保管する。
- **鉄筋**は、直接地面に接しないように角材の上に置き、シートをかけて保管する。
- **せっこうボード**は、反りやひずみなどが生じないように屋内に平置きで保管する。

# 4 安全管理

安全管理に関する記述として、**適当**か、**不適当**か、判断しなさい。

Check

**問題1**
　掘削による土砂の崩壊を防止するために、山留めを設置した。

Check

**問題2**
　投下物の飛散を防止するために、ダストシュートを設置した。

Check

**問題3**
　飛来落下物を防止するために、防護棚（朝顔）を設置した。

Check

**問題4**
　材料の揚重用リフトの運転についての合図を統一した。

Check

**問題5**
　建設用リフトの搬器には、原則として、労働者を乗せてはならない。

Check

**問題6**
　移動式クレーンのアウトリガーは、つり上げ荷重にかかわらず最大限に張り出すこととした。

Check

**問題7**
　ＫＹＴ（危険予知訓練）は、身に近づく危険を事前に予測して対策を立てる訓練をいう。

Check

**問題8**
　ＯＪＴ（オン・ザ・ジョブ・トレーニング）は、同じ職場内で、品質管理活動を自主的に行う小グループのことをいう。

Check

**問題9**
　ＺＤ（ゼロ・ディフェクト）運動は、従業員の努力と工夫により、仕事の欠陥をゼロにすることをいう。

Check

**問題10**
　労働災害の度数率とは、10万延労働時間当たりの労働災害による死傷者数をもって災害の頻度を表した指標である。

5
施工管理法

167

# 解 説

問題1　正しい
問題2　正しい
問題3　正しい
問題4　正しい
問題5　正しい
問題6　正しい

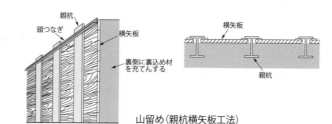

山留め（親杭横矢板工法）

**（参考）**
　囲い、手すり、覆い等を設けることが著しく困難な作業床の端では、墜落防止のための防網を張り、労働者に墜落制止用器具を使用させる等の措置を講じなければならない。

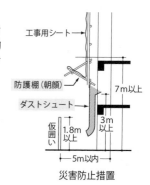

災害防止措置

問題7　正しい

問題8　**誤り**
　オン・ザ・ジョブ・トレーニングは、同じ職場内で、実際の業務を通して、職業教育を行うことで、職場内訓練や実地研修ともいう。<u>品質管理活動を自主的に行う小グループのことは、**QCサークル**である。</u>

問題9　**正しい**
**（参考）**ツールボックス・ミーティングは、職場で開く安全の集いのことをいう。

問題10　**誤り**
　**労働災害**とは、労働者が業務遂行中に業務に起因して受けた業務上の災害のことで、業務上の負傷、業務上の疾病（休業1日以上及び身体の一部または機能を失うもの。）及び死亡をいう。労働災害発生率を示すものには、度数率、強度率、年千人率、月万人率、損失日数があり、**度数率**とは、<u>100万延実労働時間当たりの労働災害による死傷者数</u>で、災害発生の頻度を表す。

$$度数率 = \frac{死傷者数}{延べ労働時間数} \times 1,000,000$$

Check □□□

### 問題1
掘削面の高さが2.0mだったので、作業主任者を選任せずに地山の掘削を行わせた。

Check □□□

### 問題2
土止め支保工の切りばりの取付け作業には、作業主任者を選任しなければならない。

Check □□□

### 問題3
型わく支保工の組立て作業には、作業主任者を選任しなければならない。

Check □□□

### 問題4
足場の組立て等作業主任者は、足場の組立図を作成しなければならない。

Check □□□

### 問題5
張出し足場の組立て作業には、作業主任者を選任しなければならない。

Check □□□

### 問題6
建築物の骨組みの高さが5mの鉄骨の組立て作業には、作業主任者を選任しなければならない。

Check □□□

### 問題7
高さが5mのコンクリート造の工作物の解体作業には、作業主任者を選任しなければならない。

Check □□□

### 問題8
軒高5mの木造建築物の構造部材の組立て作業には、作業主任者を選任しなければならない。

Check □□□

### 問題9
外壁プレキャストコンクリート板の建込み作業には、作業主任者を選任しなければならない。

Check □□□

### 問題10
鉄筋の組立て作業には、作業主任者を選任しなければならない。

5 施工管理法

# 解　説

**問題1**　誤り

「掘削面の高さが**2m以上**となる地山の掘削の作業」は、**作業主任者**を選任すべき作業である。

　**→作業主任者を選任すべき作業**（労働安全衛生法施行令第6条第9号）

**問題2**　正しい

**問題3**　正しい

**問題4**　誤り

労働安全衛生規則第566条（**→足場の組立て等作業主任者の職務**）には、足場の組立て等作業主任者の職務が挙げられている。「①材料の欠点の有無を点検し、不良品を取り除くこと。②器具、工具、要求性能墜落制止用器具等及び保護帽の機能を点検し、不良品を取り除くこと。③作業の方法及び労働者の配置を決定し、作業の進行状況を監視すること。④要求性能墜落制止用器具等及び保護帽の使用状況を監視すること。」とあるが、**足場の組立図の作成**については、**規定されていない**。

**問題5**　正しい

**問題6**　正しい

**問題7**　正しい

**問題8**　正しい

**問題9**　誤り

「外壁プレキャストコンクリート板の建込み作業」については**作業主任者**を選任すべき作業に定められていない。

**問題10**　誤り

労働安全衛生法第14条（**→作業主任者**）に基づき、**作業主任者**を選任すべき作業として、**張出し足場**の組立て作業、**土止め支保工**の切りばりの取付け作業、**型わく支保工**の組立て作業は挙げられているが、鉄筋の組立て作業については定められていない。

# ６

# 法規

## 1 建築基準法

**1-1** 「建築基準法」の用語・手続等に関する記述として、**正しい(適当)**か、**誤り(不適当)**か、判断しなさい。

Check ☐☐☐

**問題1**
鉄道のプラットホームの上家は、建築物ではない。

Check ☐☐☐

**問題2**
事務所の用途に供する建築物は、特殊建築物ではない。

Check ☐☐☐

**問題3**
百貨店の売場は、居室ではない。

Check ☐☐☐

**問題4**
設計者とは、その者の責任において、設計図書を作成した者をいう。

Check ☐☐☐

**問題5**
建築とは、建築物を新築し、増築し、改築することをいい、移転することは含まない。

Check ☐☐☐

**問題6**
大規模の模様替とは、建築物の主要構造部の一種以上について行う過半の模様替をいう。

Check ☐☐☐

**問題7**
建築物の構造上重要でない最下階の床は、主要構造部ではない。

Check ☐☐☐

**問題8**
床面積の算定は、建築物の各階又はその一部で壁その他の区画の中心線で囲まれた部分の水平投影面積による。

Check ☐☐☐

**問題9**
建築物の工事が完了した場合には、工事施工者はその旨を建築主事に届け出なければならない。

# 解 説

問題1　正しい

問題2　正しい　　　　　　　　　　特殊建築物

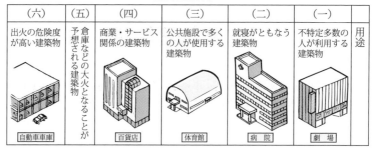

| （六） | （五） | （四） | （三） | （二） | （一） | 用途 |
|---|---|---|---|---|---|---|
| 出火の危険度が高い建築物 | 予想される建築物倉庫などの大火となることが | 商業・サービス関係の建築物 | 公共施設で多くの人が使用する建築物 | 就寝がともなう建築物 | 不特定多数の人が利用する建築物 | |
| 自動車車庫 | | 百貨店 | 体育館 | 病院 | 劇場 | |

(参考)**体育館**の用途に供する建築物は、**特殊建築物**である。

問題3　誤り

　**居室**とは、「居住、執務、作業、集会、娯楽その他これらに類する目的のために継続的に使用する室」をいい、**百貨店の売場**は、**居室**である。
(参考)住宅の洗面所は、居室ではない。

問題4　正しい

問題5　誤り

　**建築**とは、建築物を**新築**し、**増築**し、**改築**し、又は**移転**することをいう。

●移　転

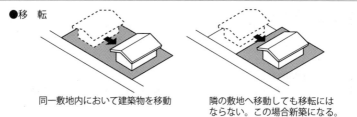

同一敷地内において建築物を移動　　　隣の敷地へ移動しても移転にはならない。この場合新築になる。

問題6〜8　正しい

問題9　誤り

　**建築主**は、建築工事を完了したときは、建築主事等に届け出て、建築主事や指定確認検査機関の検査を申請しなければならない。
(参考)
- 建築主事が工事の完了検査の申請を受理した場合、その受理した日から7日以内に、建築主事等による検査をしなければならない。
- 木造以外で階数が2以上の建築物の建築主は、原則として、検査済証の交付を受けた後でなければ、当該建築物を使用し、又は使用させてはならない。

「建築基準法」の一般構造等に関する記述として、**正しい（適当）**か、**誤り（不適当）**か、判断しなさい。

**Check** ☐☐☐

### 問題1
ふすま、障子その他随時開放することができるもので仕切られた2室は、居室の採光及び換気の規定の適用に当たっては、1室とみなす。

**Check** ☐☐☐

### 問題2
地上階にある保育所の保育室には、原則として、採光のための窓その他の開口部を、設けなければならない。

**Check** ☐☐☐

### 問題3
地上階にある病院の診察室には、原則として、採光のための窓その他の開口部を、設けなければならない。

**Check** ☐☐☐

### 問題4
居室の天井の高さは、室の床面から測り、1室で天井の高さの異なる部分がある場合は、最も低いところの高さによる。

**Check** ☐☐☐

### 問題5
最下階の居室の床が木造である場合、原則として、床の高さは直下の地面からその床の上面まで45cm以上とする。

**Check** ☐☐☐

### 問題6
住宅の地階に設ける居室は、防湿の措置その他の事項について衛生上必要な政令で定める技術的基準に適合するものとしなければならない。

**Check** ☐☐☐

### 問題7
共同住宅の各戸の界壁は、小屋裏又は天井裏に達するものとするほか、遮音性能に関して政令で定める技術的基準に適合するものとしなければならない。

**Check** ☐☐☐

### 問題8
集会場の客用の屋内階段及びその踊場の幅は、140cm以上とする。

# 解　説

## 問題1　正しい

　ふすま、障子その他**随時開放**することができるもので仕切られた2室は、**採光及び換気**の規定の適用に当たっては、**1室**とみなす。

居室AとBは1室とみなす

## 問題2　正しい、問題3　誤り

　住宅、学校、病院、診療所、寄宿舎、下宿その他これらに類する建築物で政令で定めるものの居室には、採光のための窓その他の開口部を設ける（下表）。したがって、病院の診察室には、開口部を設けなくてもよい。

| 建築物の居室 | 割合 |
|---|---|
| 住宅の居室のうち、居住のために使用されるもの | 1/7 |
| 幼稚園、小学校、中学校、高等学校又は中等教育学校の**教室** | 1/5 |
| 保育所の保育室 | |
| 病院、診療所の**病室** | |
| 寄宿舎の寝室、下宿の宿泊室 | 1/7 |
| 児童福祉施設等の寝室（入所者が使用するもの）　など | |
| 以下、略 | |

**（関連）**事務所の事務室、高等学校の職員室、旅館の客室などは除かれる。

## 問題4　誤り

　居室の天井の高さは、**2.1 m以上**でなければならない。室の床面から測り、一室で天井の高さの異なる部分がある場合においては、その**平均の高さ**によるものとする。

## 問題5〜8　正しい

**（関連）**

● **回り階段**の部分における**踏面**の寸法は、踏面の**狭い方**の端から**30 cm**の位置において測る。

● 階段に代わる**傾斜路**には、原則として、**手すり等**を設けなければならない。また、**勾配**は、**1/8**を超えないものとする。

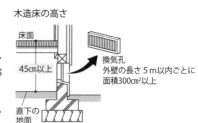

木造床の高さ

床面

45cm以上

換気孔
外壁の長さ5m以内ごとに
面積300cm²以上

直下の
地面

「建築基準法」上の都市計画区域等の制限に関する記述として、**正しい(適当)**か、**誤り(不適当)**か、判断しなさい。

### 問題1
　容積率とは、建築物の延べ面積の敷地面積に対する割合をいう。

### 問題2
　容積率の算定の場合、自動車車庫の用途に供する部分の床面積については、その面積にかかわらず、延べ面積に算入しない。

### 問題3
　建蔽率とは、建築物の建築面積(同一敷地内に2以上の建築物がある場合は、その建築面積の合計)の敷地面積に対する割合をいう。

### 問題4
　容積率の限度は、用途地域と関係なく、定められている。

### 問題5
　建築物の敷地面積の最低限度は、用途地域と関係なく、定められている。

### 問題6
　建築物の高さ(絶対高さ)の限度は、用途地域と関係なく、定められている。

### 問題7
　構造計算によって安全性を確かめなくてもよい建築物の規模の限度は、用途地域と関係なく、定められている。

# 解　説

## 問題1　正しい

$$容積率＝\frac{延べ面積}{敷地面積}≦容積率の限度$$

## 問題2　誤り

　自動車車庫その他の専ら自動車又は自転車の停留又は駐車のための施設の用途に供する部分の床面積については、建築物の各階の床面積の合計の1/5を限度として延べ面積に算入しない。

## 問題3　正しい

$$建蔽率＝\frac{建築面積}{敷地面積}≦建蔽率の限度$$

## 問題4　誤り、問題5　誤り、問題6　誤り、問題7　正しい

　用途地域は、都市計画区域内及び準都市計画区域内（建築基準法第68条の9に定める都市計画区域以外の区域内の建築物に係る制限を除く）に限って適用されるもので、集団規定内に規定されている。

　建築物の高さ（絶対高さ）の限度、建築物の敷地面積の最低限度、延べ面積の敷地面積に対する割合（容積率）の限度は、集団規定内に規定されているが、構造計算によって安全性を確かめなくてもよい建築物の規模の限度については、単体規定（建築物が、全国一律に適合していなければならない規定）の法第20条関係で規定されている。

**容積率・建蔽率**

**高さの制限**

### （参考）

　建築基準法の規定は、文化財保護法により国宝や重要文化財などに指定された建築物には適用されない。

### 【関連】建築物の敷地

- ●建築物の敷地は、原則として、これに接する道の境より高くしなければならない。
- ●建築物の敷地には、下水管、下水溝又はためますその他これらに類する施設をしなければならない。
- ●湿潤な土地に建築物を建築する場合は、盛土、地盤の改良などの措置を講じなければならない。

# 2 建設業法

**2-1**

「建設業法」上の建設業の許可に関する記述として、**正しい(適当)**か、**誤り(不適当)**か、判断しなさい。

Check
☐☐☐

**問題1**
　建設業の許可は、5年ごとに更新を受けなければ、その期間の経過によって、その効力が失われる。

Check
☐☐☐

**問題2**
　工事1件の請負代金の額が1,500万円に満たない建築一式工事のみを請け負う場合は、建設業の許可を必要としない。

Check
☐☐☐

**問題3**
　一般建設業の許可を受けた者が、当該許可に係る建設業について、特定建設業の許可を受けたときも、一般建設業の許可は有効である。

Check
☐☐☐

**問題4**
　建設業の許可を受けようとする者は、営業所ごとに所定の要件を満たした専任の技術者を置かなければならない。

Check
☐☐☐

**問題5**
　建設工事を発注者から直接請け負わず、下請負人として建設業を営む者は、一般建設業の許可を受ければよい。

Check
☐☐☐

**問題6**
　大工工事業で一般建設業の許可を受けた者は、元請から請負代金の額が6,000万円の大工工事を請け負うことができる。

Check
☐☐☐

**問題7**
　建築工事業で一般建設業の許可を受けた者は、発注者から直接請け負う1件の請負代金の額が1,500万円の建築一式工事を請け負うことができる。

Check
☐☐☐

**問題8**
　発注者から直接請け負う1件の建築一式工事につき、下請代金の額が4,500万円の下請契約をする場合には、特定建設業の許可を必要とする。

Check
☐☐☐

**問題9**
　一括下請負の禁止の規定は、元請負人には適用されるが、下請負人には適用されない。

**6 法規**

# 解　説

**問題1・2　正しい**

**(参考)** ● 建設業の許可は、**国土交通大臣又は都道府県知事**によって与えられる。

● 建設業の許可は、建設工事の種類ごとに、29業種に分けて与えられる。

● ある業種で**一般**建設業の許可を受けている者が、**別**の業種で**特定**建設業の許可を受けることができる。

**問題3　誤り**

一般建設業の許可を受けた者が、当該許可に係る建設業について、特定建設業の許可を受けたときは、その者に対する当該建設業に係る一般建設業の許可は、その効力を失う。

**(参考)** 1つの営業所で、土木工事業と建築工事業の許可を受けることができる。

**問題4　正しい**

**一般**建設業の許可を受ける場合、その営業所ごとに、10年以上の実務経験を有する者等の、**専任の技術者**を置かなければならない。

**問題5・6　正しい**

一般建設業とは、特定建設業以外の建設業をいう。特定建設業以外の場合は一般建設業の許可が必要になる。一般建設業許可を受けた建設業者は、自ら施工する場合や下請負人として施工する場合は、請負代金の規定はない。

**問題7　正しい**

**問題8　誤り**

**特定建設業**とは、発注者から直接請負う建設工事を4,500万円以上（**建築工事では7,000万円以上**）の下請契約（2つ以上の下請契約があるときは総額）で施工する者をいう。したがって、特定建設業の許可は必要ない。

**問題9　誤り**

建設業者は、その請け負った建設工事を、いかなる方法をもってするかを問わず、一括して他人に請け負わせてはならない。また、建設業を営む者は、建設業者から当該建設業者の請け負った建設工事を一括して請け負ってはならない。したがって、**元請負人**及び**下請負人**の両方ともに、**一括下請負の禁止**の規定が適用される。

Check ☐☐☐

**問題1**
　下請負人として建設工事を請け負った建設業者は、下請代金の額にかかわらず主任技術者を置かなければならない。

Check ☐☐☐

**問題2**
　建設業者は、発注者から2,500万円で請け負った建設工事を施工するときは、主任技術者を置かなければならない。

Check ☐☐☐

**問題3**
　発注者から直接建築一式工事を請け負った特定建設業者は、7,000万円の下請契約を締結して工事を施工する場合、工事現場に主任技術者を置かなければならない。

Check ☐☐☐

**問題4**
　請負代金の額が8,000万円の共同住宅の建築一式工事を請け負った建設業者が、工事現場に置く主任技術者は、専任の者でなければならない。

Check ☐☐☐

**問題5**
　主任技術者を設置する工事で専任が必要とされるものでも、同一の建設業者が同じ場所で行う密接な関係のある2以上の工事については、これらの工事を同じ主任技術者が管理できる。

Check ☐☐☐

**問題6**
　元請が特定建設業者であり、監理技術者を置いているときは、下請の建設業者は主任技術者を置かなくてよい。

Check ☐☐☐

**問題7**
　建設業者は、下請負人として建設工事を施工する場合にも、監理技術者を置かなければならない。

Check ☐☐☐

**問題8**
　工事現場における建設工事の施工に従事する者は、主任技術者又は監理技術者がその職務として行う指導に従わなければならない。

Check ☐☐☐

**問題9**
　公共性のある施設又は多数の者が利用する施設に関する重要な建設工事で政令で定めるものについては、主任技術者又は監理技術者は、工事現場ごとに、専任の者でなければならない。

6
法
規

# 解 説

## 問題1・2　正しい

**(参考)** 建築一式工事に関し10年以上実務の経験を有する者は、建築一式工事における主任技術者になることができる。

## 問題3　誤り

**特定建設業者**は、下請契約の請負代金の額が4,500万円以上（**建築工事業**では**7,000万円以上**）となる建設工事においては、工事現場に建設工事の施工の技術上の管理を行う<u>**監理技術者**を置かなければならない</u>。

建設業法第26条第2項。

## 問題4　正しい

公共性のある施設・工作物、又は多数の者が利用する施設・工作物に関する重要な建設工事で政令で定めるものについては、工事1件の請負金額が4,000万円（**建築一式工事**）の場合は**8,000万円**）以上のものについては、工事の安全かつ適正な施工を確保するために、工事現場ごとに**専任**の**主任技術者**又は**監理技術者**を置かなければならない。

建設業法第26条3項。

## 問題5　正しい

## 問題6・7　誤り

建設業者は、その請け負った建設工事を施工するときは、主任技術者を置かなければならないとあり、元請が特定建設業者であり、<u>監理技術者を置いているときであっても、下請の建設業者は**主任技術者**を置かなくてはならない</u>。

建設業法第26条。

## 問題8・9　正しい

**(参考)** 国、地方公共団体等が発注者である建設工事の現場に専任で置かなければならない監理技術者は、監理技術者資格者証の交付を受けた者で、所定の講習を受講したもののうちから選任しなければならない。

### 【関連】元請負人の義務

- 元請負人は、工程の細目、作業方法その他元請負人において定めるべき事項を定めようとするときは、あらかじめ、**下請負人**の意見をきかなければならない。
- 元請負人は、**前払金**の支払を受けたときは、下請負人に対して、資材の購入、労働者の募集その他建設工事の着手に必要な費用を前払金として支払うよう適切な配慮をしなければならない。

# 3 労働基準法

**3-1** 「労働基準法」に関する記述として、**正しい（適当）**か、**誤り（不適当）**か、判断しなさい。

Check ☐☐☐

**問題1**
　労働条件は、労働者と使用者が、対等の立場において決定すべきものである。

Check ☐☐☐

**問題2**
　使用者は、労働者の国籍、信条又は社会的身分を理由として、賃金、労働時間その他の労働条件について、差別的取扱いをしてはならない。

Check ☐☐☐

**問題3**
　使用者は、労働者が女性であることを理由として、賃金について、男性と差別的取扱いをしてはならない。

Check ☐☐☐

**問題4**
　労働者は、使用者より明示された労働条件が事実と相違する場合においては、即時に労働契約を解除することができる。

Check ☐☐☐

**問題5**
　使用者は、労働契約の不履行について違約金を定める契約をすることができる。

Check ☐☐☐

**問題6**
　使用者は、労働することを条件とする前貸の債権と賃金を相殺してはならない。

Check ☐☐☐

**問題7**
　使用者は、労働契約に附随して貯蓄の契約をさせることができる。

Check ☐☐☐

**問題8**
　使用者は、労働者が業務上の傷病により休業する期間及びその後30日間は、原則として解雇してはならない。

Check ☐☐☐

**問題9**
　使用者は、労働者を解雇しようとする場合においては、原則として、30日前までにその予告をしなければならない。

6
法
規

# 解　説

問題1　正しい　→　**労働条件の決定**（労働基準法第2条）

問題2　正しい　→　**均等待遇**（労働基準法第3条）

問題3　正しい　→　**男女同一賃金の原則**（労働基準法第4条）

問題4　正しい　→　**労働条件の明示**（労働基準法第15条2項）
**（参考）**● 使用者は、労働契約の締結に際し、労働者に対して賃金、労働時間その他の労働条件を明示しなければならない。
　　　　● 親権者又は後見人は、未成年者に代わって労働契約を締結してはならない。

問題5　誤り　→　**賠償予定の禁止**（労働基準法第16条）
　使用者は、**労働契約の不履行**について違約金を定め、又は損害賠償額を予定する契約をしてはならない。

問題6　正しい　→　**前借金相殺の禁止**（労働基準法第17条）

問題7　誤り　→　**強制貯金**（労働基準法第18条第1項）
　使用者は、労働契約に**附随して貯蓄**の契約をさせ、又は貯蓄金を管理する契約をしてはならない。

問題8　正しい　→　**解雇制限**（労働基準法第19条）

問題9　正しい　→　**解雇の予告**（労働基準法第20条）
**（参考）** 30日前に予告をしない使用者は、30日分以上の平均賃金を支払わなければならない。

◇◇◇◇◇◇◇◇◇◇◇◇◇◇◇◇◇◇◇◇◇◇◇◇◇◇◇◇◇◇◇◇◇◇◇◇◇◇◇◇◇◇◇◇◇◇◇◇◇◇

**【関連】**使用者が労働契約の締結に際し、「労働基準法」上、労働者に書面で交付するもの。
　　　　● 就業の場所及び従事すべき業務に関する事項
　　　　● 労働契約の期間に関する事項
　　　　● 賃金の支払の時期に関する事項
　　　　※安全及び衛生に関する事項は明示しなくてもよい

「労働基準法」に関する記述として、**正しい(適当)**か、**誤り(不適当)**か、判断しなさい。

**Check**
☐☐☐

### 問題1
　使用者は、原則として、労働者に対して、休憩時間を除き、1週間について44時間、1日について8時間を超えて労働させてはならない。

**Check**
☐☐☐

### 問題2
　使用者は、原則として、労働者に対して、毎週少くとも1回の休日を与えなければならない。

**Check**
☐☐☐

### 問題3
　使用者は、常時使用する労働者が10人に満たない事業場については、就業規則を所轄労働基準監督署長に届け出る必要はない。

**Check**
☐☐☐

### 問題4
　使用者は、労働者名簿を各事業場ごとに作成しなければならない。

**Check**
☐☐☐

### 問題5
　使用者は、常時使用する労働者が10人に満たない事業場については、賃金台帳を作成する必要はない。

**Check**
☐☐☐

### 問題6
　満18歳に満たない者を、地上又は床上における足場の組立ての補助作業の業務に就かせてはならない。

**Check**
☐☐☐

### 問題7
　満18歳に満たない者を、クレーンの運転の業務に就かせてはならない。

**Check**
☐☐☐

### 問題8
　満18歳に満たない者を、最大積載荷重1tの荷物用エレベーターの運転の業務に就かせてはならない。

**Check**
☐☐☐

### 問題9
　満18歳に満たない者を、2名で行うクレーンの玉掛けの業務における補助作業の業務に就かせてはならない。

6
法
規

# 解 説

**問題1** 誤り → **労働時間**(労働基準法第32条)

　使用者は、労働者に、休憩時間を除き<u>1週間について</u>**40時間**を超えて、労働させてはならない。　1週間の各日については、労働者に、休憩時間を除き<u>1日について</u>**8時間**を超えて、労働させてはならない。

**(関連)**使用者は、原則として、労働者に対して、労働時間が**6時間**を**超える**場合、**休憩時間**を労働時間の途中に与えなければならない。(労働基準法第34条)

**問題2** 正しい → **(休日)**(労働基準法第35条)

**(関連)**使用者は、原則として、労働者に対して、労働者の請求する時季に**有給休暇**を与えなければならない。(労働基準法第39条)

**問題3** 正しい → **(就業規則)作成及び届出の義務**(労働基準法第89条)
**問題4** 正しい → **労働者名簿**(労働基準法第107条)
**問題5** 誤り → **賃金台帳**(労働基準法第108条)

　使用者は、**事業場の人数にかかわらず**、各事業場ごとに**賃金台帳**を調製し、賃金計算の基礎となる事項及び賃金の額その他の事項を賃金支払の都度、遅滞なく記入しなければならない。

**問題6** 誤り、**問題7** 正しい、**問題8** 誤り、**問題9** 誤り
→ **危険有害業務の就業制限**
　　　(労働基準法第62条第1項、年少者労働基準規則第8条)

　使用者は、満18歳に満たない者に、運転中の機械若しくは動力伝導装置の危険な部分の掃除、注油、検査若しくは修繕をさせ、運転中の機械若しくは動力伝導装置にベルト若しくはロープの取付け若しくは取りはずしをさせ、動力によるクレーンの運転をさせ、その他厚生労働省令で定める危険な業務に就かせ、又は厚生労働省令で定める重量物を取り扱う業務に就かせてはならない。

　具体的には、満18歳に満たない者を就かせてはならない業務は、次の各号に掲げるものとするとあり、各号に各肢を照らすと**問題8**の「クレーンの運転の業務」のみが就かせてはならない業務にあたる。

- 足場の組立、解体又は変更の業務（地上又は床上における**補助作業**の業務を除く。)
- **クレーン**、デリック又は揚貨装置の**運転**の業務
- 最大積載荷重が**2t以上**の人荷共用若しくは**荷物用のエレベーター**又は高さが15m以上のコンクリート用エレベーターの運転の業務
- **クレーン**、デリック又は揚貨装置の**玉掛け**の業務（2人以上の者によって行う玉掛けの業務における補助作業の業務を除く。)

# 4　労働安全衛生法

## 4-1
「労働安全衛生法」に関する記述として、**正しい(適当)**か、**誤り(不適当)**か、判断しなさい。

Check
□□□

### 問題1
　労働災害とは、労働者の就業に係る建設物、設備等により、又は作業行動その他業務に起因して、労働者が負傷し、疾病にかかり、又は死亡することをいう。

Check
□□□

### 問題2
　事業者は、労働安全衛生法で定める公衆災害の防止のための最低基準を守るだけでなく、快適な生活環境の実現のため、労働者の適正な賃金を確保するようにしなければならない。

Check
□□□

### 問題3
　建設工事の注文者は、施工方法、工期等について、安全で衛生的な作業の遂行を損なうおそれのある条件を附さないように配慮しなければならない。

Check
□□□

### 問題4
　労働者は、労働災害を防止するため、必要な事項を守るほか、事業者が実施する労働災害の防止に関する措置に協力するように努めなければならない。

Check
□□□

### 問題5
　統括安全衛生責任者は、工事現場においてその工事の実施を統括管理する者でなければならない。

Check
□□□

### 問題6
　統括安全衛生責任者は、安全衛生責任者を選任し、その者に工事の工程計画を作成させなければならない。

Check
□□□

### 問題7
　元方安全衛生管理者は、統括安全衛生責任者の指揮を受けて、統括安全衛生責任者の職務のうち技術的事項を管理しなければならない。

Check
□□□

### 問題8
　元方安全衛生管理者は、その工事現場に専属の者でなければならない。

6
法
規

# 解　説

**問題1　正しい　→　定義**（労働安全衛生法第2条）

**問題2　誤り　　→　事業者等の責務**

　事業者は、単にこの法律で定める労働災害の防止のための最低基準を守るだけでなく、快適な職場環境の実現と労働条件の改善を通じて職場における**労働者の安全と健康を確保**するようにしなければならない。

　労働安全衛生法第3条第1項。

**問題3　正しい　→　事業者等の責務**（労働安全衛生法第3条第3項）
**問題4　正しい　→　労働者の責務**（労働安全衛生法第4条）
**問題5　正しい　→　統括安全衛生責任者**（労働安全衛生法第15条第2項）

**問題6　誤り**

　→　**安全衛生責任者**（労働安全衛生法第16条第1項）
　　　**特定元方事業者等の講ずべき措置**（労働安全衛生法第30条第1項）

　**統括安全衛生責任者**を選任すべき事業者以外の請負人で当該仕事を自ら行うもの（いわゆる下請負人）は、**安全衛生責任者**を選任し、その者に統括安全衛生責任者との連絡その他の厚生労働省令で定める事項を行わせなければならないと定められているが、この厚生労働省令には作業の工程に関する計画（工程計画）は含まれていない。

　工程計画は**特定元方事業者**等が講ずべき措置である。

　労働安全衛生法第16条第1項、第30条第1項。

**問題7　正しい　→　元方安全衛生管理者**（労働安全衛生法第15条の2）
**問題8　正しい　→　元方安全衛生管理者の選任**（労働安全衛生規則第18条の3）

「労働安全衛生法」に関する記述として、**正しい(適当)**か、**誤り(不適当)**か、判断しなさい。

Check ☐☐☐

### 問題1

建設業の事業場で、常時50人以上の労働者を使用するものは安全管理者を選任しなければならない。

Check ☐☐☐

### 問題2

安全管理者は、選任すべき事由が発生した日から14日以内に選任しなければならない。

Check ☐☐☐

### 問題3

事業場に安全管理者が1人の場合、その安全管理者は、当該事業場に専属の者でなければならない。

Check ☐☐☐

### 問題4

事業者は、安全管理者を選任したときは、遅滞なく所轄都道府県労働局長に報告しなければならない。

Check ☐☐☐

### 問題5

事業者は、労働者を雇い入れたときは、当該労働者に対し、その従事する業務に関する安全又は衛生のための教育を行わなければならない。

Check ☐☐☐

### 問題6

事業者は、労働者の作業内容を変更したときは、当該労働者に対し、新たに従事する業務に関する安全又は衛生のための教育を行わなければならない。

Check ☐☐☐

### 問題7

事業者は、省令で定める危険又は有害な業務に労働者をつかせるときは、当該業務に関する安全又は衛生のための特別の教育を行わなければならない。

Check ☐☐☐

### 問題8

事業者は、作業主任者を選任したときは、当該作業主任者に対し、その従事する業務に関する安全又は衛生のための教育を行わなければならない。

6
法
規

# 解 説

**問題1　正しい　→　安全管理者**（労働安全衛生法第11条第１項）、**安全管理者を選任すべき事業場**（労働安全衛生法施行令第３条）

**(参考)安全衛生推進者**を選任すべき規模の事業場は、常時**10人以上50人未満**の労働者を使用する事業場とする。

**問題2　正しい　→　安全管理者の選任**（労働安全衛生規則第４条第１項第１号）

**問題3　正しい　→　安全管理者の選任**（労働安全衛生規則第４条第１項第２号）、**安全管理者の資格**（労働安全衛生規則第５条第１項第１号）

**問題4　誤り　→　安全管理者の選任**（労働安全衛生規則第４条第２項）

事業者は、安全管理者を選任したときは、遅滞なく、報告書を、当該事業場の所在地を管轄する労働基準監督署長（**所轄労働基準監督署長**）に提出しなければならない。

**問題5　正しい　→　安全衛生教育**（労働安全衛生法第59条第１項）

**問題6　正しい　→　安全衛生教育**（労働安全衛生法第59条第２項）

**問題7　正しい　→　安全衛生教育**（労働安全衛生法第59条第３項）

**問題8　誤り　→　安全衛生教育**（労働安全衛生法第60条第１項）

事業者は、新たに職務につくこととなった**職長**その他の作業中の労働者を直接指導又は監督する者（**作業主任者を除く。**）に対し、安全又は衛生のための教育を行わなければならないとあり、作業主任者は除外されている。

「労働安全衛生法」に関する記述として、**正しい(適当)**か、**誤り(不適当)**か、判断しなさい。

**Check**

### 問題1
　1週間の所定労働時間が35時間未満のパートタイム労働者を雇い入れたときは、雇入れ時の安全衛生教育を行わなくてもよい。

**Check**

### 問題2
　アーク溶接機を用いて行う金属の溶接、溶断等の業務に就かせる労働者には、その業務に関する安全のための特別の教育を実施しなければならない。

**Check**

### 問題3
　新たに職務に就くこととなった職長に対しては、原則として安全衛生教育を行わなければならない。

**Check**

### 問題4
　床上操作式クレーン運転技能講習を修了した者であれば、つり上げ荷重5t以上の床上操作式クレーンの運転の業務に就かせることができる。

「労働安全衛生法」上、事業者が、所轄労働基準監督署長へ報告書を**提出する必要があるか**、**提出する必要がないか**、判断しなさい。

**Check**

### 問題5
　総括安全衛生管理者を選任したとき。

**Check**

### 問題6
　安全管理者を選任したとき。

**Check**

### 問題7
　衛生管理者を選任したとき。

**Check**

### 問題8
　安全衛生推進者を選任したとき。

**Check**

### 問題9
　事業場で感電の事故が発生し、労働者が負傷したが、休業しなかったとき。

**Check**

### 問題10
　事業場で火災の事故が発生し、労働者が負傷したが、休業しなかったとき。

6
法
規

# 解　説

**問題1** 誤り　→　**雇入れ時等の教育**（労働安全衛生規則第35条第1項）

　事業者は、労働者を雇い入れ、又は作業内容を変更したときは、労働者に対し、遅滞なく、従事する業務の安全・衛生のため必要な事項について、**教育を行わなければならない**とあるが、**労働時間**の多少によって教育を行う規定はない。

**問題2** 正しい　→　**安全衛生教育**（労働安全衛生法第59条第1項）、**特別教育を必要とする業務**（労働安全衛生規則第36条第3号）

**問題3** 正しい　→　**安全衛生教育**（労働安全衛生法第60条）

**問題4** 正しい　→　**就業制限に係る業務**（労働安全衛生法施行令第20条第6号）、**安全衛生教育**（労働安全衛生規則別表第3）

**問題5** 正しい　→　**総括安全衛生管理者の選任**（労働安全衛生規則第2条第2項）

**問題6** 正しい　→　**安全管理者の選任**（労働安全衛生規則第4条第2項）

**問題7** 正しい　→　**衛生管理者の選任**（労働安全衛生規則第7条第2項）

**問題8** 誤り　→　**安全衛生推進者等**（労働安全衛生法第12条の2）

　事業者は、厚生労働省令で定める規模のものごとに、厚生労働省令で定めるところにより、**安全衛生推進者**を選任し、その者に業務を担当させなければならないとあるが、安全衛生推進者についての報告書の規定がなく、提出する必要はない。

**問題9** 誤り、**問題10** 正しい　→　**事故報告**

　　　　　　　　　　　（労働安全衛生規則第96条第1項第1号、同規則第97条）

　事業者は、**火災**又は**爆発**の事故、**倒壊**の事故等が発生したときは、報告書を労働基準監督署長に提出しなければならないとあるが、**感電**の事故は含まれていない。また、労働者が負傷、窒息または急性中毒により死亡または**休業**したときは所轄労働基準監督署長に報告書を提出しなければならない。

# 5 その他の法規

## 5-1

「廃棄物の処理及び清掃に関する法律」に関する記述として、**正しい(適当)**か、**誤り(不適当)**か、判断しなさい。

**Check** ☐☐☐

### 問題1
工作物の新築に伴って生じた紙くずは、産業廃棄物である。

**Check** ☐☐☐

### 問題2
建設工事の現場事務所から排出された図面及び書類は、産業廃棄物である。

**Check** ☐☐☐

### 問題3
工作物の除去に伴って生じた木くずは、産業廃棄物である。

**Check** ☐☐☐

### 問題4
工作物の改築に伴って生じた繊維くずは、産業廃棄物である。

**Check** ☐☐☐

### 問題5
鋼製建具の取替えに伴い生じた金属くずは、産業廃棄物である。

**Check** ☐☐☐

### 問題6
場所打ちコンクリート杭工事に伴い生じた汚泥は、産業廃棄物である。

**Check** ☐☐☐

### 問題7
建物の取壊しに伴い生じたコンクリートの破片は、産業廃棄物である。

**Check** ☐☐☐

### 問題8
建設発生土は、建設廃材等が混入していなくても、産業廃棄物である。

**Check** ☐☐☐

### 問題9
産業廃棄物を排出した事業者は、その廃棄物を自ら処理することはできない。

**Check** ☐☐☐

### 問題10
産業廃棄物の収集又は運搬を業として行おうとする者は、原則として、都道府県知事の許可を受けなければならない。

6
法
規

# 解　説

**問題1　正しい**
（参考）
　工作物の新築に伴って生じた段ボールは、**産業廃棄物**である。

**問題2　誤り**
　紙については、廃棄物の処理及び清掃に関する法律施行令第2条第1号の紙くず（建設業に係るもの（工作物の新築、改築又は除去に伴って生じたものに限る）後略）とあり、建設工事の現場事務所から排出された図面及び書類は該当しない。
（参考）
　建設工事の現場事務所から排出された新聞、雑誌等は、**一般廃棄物**である。

**問題3　正しい**
（関連）工作物の除去に伴って生じた**コンクリートの破片**は、**産業廃棄物**である。

**問題4　正しい**
**問題5　正しい**
**問題6　正しい**
**問題7　正しい**

**問題8　誤り**
　「廃棄物とは、ごみ、粗大ごみ、燃え殻、汚泥、ふん尿、廃油、廃酸、廃アルカリ、動物の死体その他の汚物又は不要物であって、固形状又は液状のもの（放射性物質及びこれによって汚染された物を除く。）をいう」とあり、**建設発生土**は、産業廃棄物に入らない。

**問題9　誤り**
　**事業者**は、その事業活動に伴って生じた廃棄物を**自らの責任**において**適正に処理**しなければならない。
（参考）
　**安定型産業廃棄物**は、安定型最終処分場であれば、埋立処分を行うことができる。

**問題10　正しい**

次の記述として、**正しい(適当)**か、**誤り(不適当)**か、判断しなさい。

## 〈建設工事に係る資材の再資源化等に関する法律(建設リサイクル法)〉

### 問題1

Check ☐☐☐

コンクリートは、特定建設資材として、定められている。

### 問題2

Check ☐☐☐

コンクリート及び鉄から成る建設資材は、特定建設資材として、定められている。

### 問題3

Check ☐☐☐

家屋の解体工事に伴って生じた木材は、特定建設資材として、定められている。

### 問題4

Check ☐☐☐

アスファルト・コンクリートは、特定建設資材として、定められている。

### 問題5

Check ☐☐☐

ガラスくずは、特定建設資材として、定められている。

### 問題6

Check ☐☐☐

根切りに伴って生じた土砂は、特定建設資材として、定められている。

## 〈振動規制法〉

### 問題7

Check ☐☐☐

指定地域内において、特定建設作業に伴って発生する振動は、原則として、日曜日その他の休日には発生させてはならない。

### 問題8

Check ☐☐☐

指定地域内における圧入式くい打機を使用する作業は、特定建設作業である。

### 問題9

Check ☐☐☐

指定地域内における特定建設作業の実施の届出は、原則として、当該特定建設作業の開始の日の7日前までに、届け出なければならない。

### 問題10

Check ☐☐☐

指定地域内における特定建設作業の実施の届出には、当該特定建設作業の場所の付近の見取図を添付しなければならない。

6
法
規

# 解 説

問題1　正しい
問題2　正しい
問題3　正しい
問題4　正しい

問題5・6　誤り

　建設工事に係る資材の再資源化等に関する法律第2条第5項のコンクリート、木材その他建設資材のうち政令で定めるものは、次に掲げる建設資材とする。

　　　一　　コンクリート
　　　二　　コンクリート及び鉄から成る建設資材
　　　三　　木材
　　　四　　アスファルト・コンクリート

　**ガラスくず、土砂**は、特定建設資材ではない。

問題7　正しい

問題8　誤り

　特定建設作業には、くい打機（もんけん及び**圧入式くい打機を除く。**）、くい抜機(油圧式くい抜機を除く。)又はくい打くい抜機(圧入式くい打くい抜機を除く。)を使用する作業等があるが、圧入式くい打機を使用する作業は除かれている。

問題9　正しい
問題10　正しい

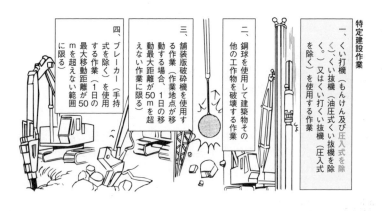

# 2023年度 日建学院受験対策スケジュール

| | 2級建築施工管理技術検定 試験日程 | 日建学院受験者応援サービス −最寄りの各校で受付− | 日建学院 |
|---|---|---|---|
| 2月 | 一次のみ試験(前期)申込受付期間 **1/27(金)〜2/10(金)** | | |
| 3月 | | 一次のみ試験(前期)申込 **願書取寄せサービス** | |
| 4月 | | | 6月前期 3/下 |
| 5月 | 一次のみ試験(前期)受講票発送 **5/22(月)** | ご自宅や職場へ願書の お届けをいたします。 お知り合いの方の分もご一緒に お取り寄せできます。 ※願書代金がかかります。 ※受験申込期間に間に合うよう、 お早めにお申し込みください。 | 公 |
| 6月 | **一次のみ試験(前期)本試験日 6/11(日)** 一次・二次受験申込書販売開始 **6/30(金)〜7/28(金)** | | |
| 7月 | 一次のみ試験(前期)合格発表 **7/14(金)** 一次・二次受験申込受付期間 **7/14(金)〜7/28(金)** | 一次&二次 申込 **願書取寄せサービス** | |
| 8月 | | | |
| 9月 | | | 11月後期 7/下 |
| 10月 | 一次&二次・一次のみ(後期)・二次のみ受験票送付 **10/23(月)** | | |
| 11月 | **一次・二次本試験日 11/12(日)** | | 公 |
| 12月 | 一次(後期)合格発表 **12/22(金)** | | |
| **2024年** 1月 | | 二次検定問題・解答参考例 **無料進呈** | |
| 2月 | 二次合格発表 **2/2(金)** | 二次検定を振り返るために 最適の資料です。 お近くの各校、またはHPで ご請求ください。 | |
| 3月 | | | |

※スケジュールは予定のため変更することがあります。

# 2023年度　日建学院受験対策

基礎力と実力養成講座で合格力を身につけます。
## 【2級建築施工管理技士 一次コース】
6月一次／11月一次試験対策

学　費　**140,000**円（税込154,000円）

受講回数　6月一次：基礎講義（5回）＋一次対策講義（10回）
＋公開模擬試験（一次1回）＋集中ゼミ（2回）

　　　　　11月一次：基礎講義（5回）＋一次対策講義（10回）
＋公開模擬試験（一次1回）＋集中ゼミ（2回）

前期[6月一次試験]、後期[11月一次・二次試験]を有効活用して合格を目指します。
## 【2級建築施工管理技士 ストレート合格パック】
6月一次／11月一次＋二次試験対策

学　費　**300,000**円（税込330,000円）

受講回数　6月一次：基礎講義（5回）＋一次対策講義（10回）
＋公開模擬試験（一次1回）＋集中ゼミ（2回）

　　　　　11月一次：基礎講義（5回）＋一次対策講義（10回）＋二次対策講義（6回）
＋公開模擬試験（一次1回、二次2回）＋集中ゼミ（2回）

一次＋二次を学習し、2級後期試験の合格を目指します。
## 【2級建築施工管理技士 一次・二次コース】
11月一次＋二次試験対策

学　費　**200,000**円（税込220,000円）

受講回数　基礎講義（5回）＋一次対策講義（10回）＋二次対策講義（6回）
＋公開模擬試験（一次1回、二次2回）＋集中ゼミ（2回）

開 講 日　7月下旬（一次対策講義）

記述式問題に重点をおき短期間で実力を養成します。
## 【2級建築施工管理技士 二次コース】
11月二次試験対策

学　費　**100,000**円（税込110,000円）

受講回数　二次対策講義（6回）＋公開模擬試験（二次2回）

開 講 日　10月上旬

## 【2級建築施工管理技士 公開模擬試験】

受験料　一次＋二次：**5,000**円（税込5,500円）　一次のみ：**3,000**円（税込3,300円）
二次のみ：**3,000**円（税込3,300円）

試 験 日　5月下旬（一次のみ）、10月下旬
※実施日時については最寄りの日建学院各校までお問い合わせください。

日建学院では、全国各校で各種講習を実施しています。
お問い合わせ・資料のご請求はお気軽にお近くの日建学院各校、または、HPでどうぞ。

- 監理技術者講習
- 建築士定期講習
- 第一種電気工事士定期講習
- 宅建登録講習
- 宅建実務講習
- マンション管理士法定講習

【正誤等に関するお問合せについて】

　本書の記載内容に万一、誤り等が疑われる箇所がございましたら、**郵送・FAX・メール等の書面**にて以下の連絡先までお問合せください。その際には、お問合せされる方のお名前・連絡先等を必ず明記してください。また、お問合せの受付け後、回答には時間を要しますので、あらかじめご了承いただきますよう、お願い申し上げます。

　なお、正誤等に関するお問合せ以外のご質問、受験指導および相談等はお受けできません。そのようなお問合せにはご回答いたしかねますので、あらかじめご了承ください。

## お電話によるお問合せは，お受けできません。

［郵送先］
　〒171-0014　東京都豊島区池袋2-38-1　日建学院ビル3F
　建築資料研究社 出版部
　「改訂五版　2級建築施工管理技士 一次対策項目別ポイント問題」正誤問合せ係
［FAX］
　03-3987-3256
［メールアドレス］
　seigo@mx1.ksknet.co.jp　　※ 件名に書名をご記入下さい

【本書の法改正・正誤等について】

　本書の発行後に発生しました法改正・正誤等についての情報は、下記ホームページ内でご覧いただけます。

　なおホームページへの掲載は、対象試験終了時ないし、本書の改訂版が発行されるまでとなりますので予めご了承ください。

## https://www.kskpub.com ➡ 訂正・追録

---

改訂五版
**2級建築施工管理技士 一次対策項目別ポイント問題**

---

2023年3月5日　初版発行

編　　　著　　日建学院教材研究会
発　行　人　　馬場　栄一
発　行　所　　**株式会社建築資料研究社**
　　　　　　　〒171-0014　東京都豊島区池袋2-38-1
　　　　　　　日建学院ビル3F
　　　　　　　TEL 03-3986-3239　FAX 03-3987-3256
　　　　　　　https://www.kskpub.com
表　　　紙　　齋藤 知恵子(sacco)
印刷・製本　　株式会社ワコー

---